U0576034

胡光瑞 赵 磊◎著

餐饮企业
股权战略与风险管理

中国财富出版社有限公司

图书在版编目（CIP）数据

餐饮企业股权战略与风险管理／胡光瑞，赵磊著. --北京：中国财富出版社有限公司，2024.10. -- ISBN 978-7-5047-8242-7

Ⅰ. F719.3

中国国家版本馆 CIP 数据核字第 2024JB5241 号

策划编辑	郑晓雯	**责任编辑**	敬 东 张思怡	**版权编辑**	李 洋
责任印制	尚立业	**责任校对**	卓闪闪	**责任发行**	董 倩

出版发行	中国财富出版社有限公司		
社　址	北京市丰台区南四环西路 188 号 5 区 20 楼	**邮政编码**	100070
电　话	010－52227588 转 2098（发行部）		010－52227588 转 321（总编室）
	010－52227566（24 小时读者服务）		010－52227588 转 305（质检部）
网　址	http://www.cfpress.com.cn	**排　版**	宝蕾元
经　销	新华书店	**印　刷**	宝蕾元仁浩（天津）印刷有限公司
书　号	ISBN 978-7-5047-8242-7/F・3762		
开　本	710mm×1000mm　1/16	**版　次**	2025 年 1 月第 1 版
印　张	15	**印　次**	2025 年 1 月第 1 次印刷
字　数	261 千字	**定　价**	68.00 元

自　序

　　餐饮业是吸纳就业最多的行业之一，关乎国计民生。2020 年，新冠疫情对餐饮业造成了冲击，很多餐饮企业没能经受住考验而倒闭。为了促进餐饮业尽快恢复发展，2022 年 2 月 18 日，中华人民共和国国家发展和改革委员会等部门联合印发《关于促进服务业领域困难行业恢复发展的若干政策》的通知，出台的多项政策中，有 7 条是针对餐饮业的专项纾困扶持政策。在各种利好政策的推动下，2023 年，餐饮业得以快速恢复和发展。

　　外部环境的快速变化使餐饮企业经营者认识到，必须从内变革以适应不断变化的外部世界。在这种情况下，越来越多的餐饮企业抱团取暖、团队作战，以抵抗风险，实现财富共同增长，而能将众人团结在一个目标下奋斗的利器就是公司股权。

　　股权是人类历史上最伟大的发明之一。俗话说，"无商不富，无股权不大富"。这反映了商业活动和股权投资对于财富增长的重要性。

　　餐饮企业的股权布局是企业顶层设计中的关键因素。股权布局能够实现要素的统筹规划和资源的有效集中，从而高效快捷地达成目标。合理的股权布局可以让企业在激烈的竞争中脱颖而出，成为胜利者。中国餐饮企业的创始人、管理者，只有打造好企业的命运共同体，才能挖掘企业发展的潜力；只有做好顶层设计和股权布局，企业才会基业长青。

　　商场如战场，在风起云涌的商业较量中，餐饮企业内部合理的股权分配机制和有效的激励手段无疑是助力其稳步前行的途径。股权分配本质上是对企业股东、高管、员工如何勠力同心实现企业快速发展的思考，用一套合理的股权架构与激励方案把企业和股东、高管、员工凝结成利益共同体，把一个人的梦想变成一群人的梦想。

　　当今社会，科技、产品更新和迭代的速度加快，社会分工也越来越细，餐饮企业对人才的依赖性越来越强。在这种情况下，完善股权架构，利用股权激励抢夺人才、留住人才是越来越多餐饮企业发展的必然之路。股权激励的结果，就是越来越多的利益关联方分享企业股权，成为企业的股东，在增强其主人翁责任感的同时，分享企业价值增长带来的财富。此外，股权融资将吸引越来越多的外部资本加入，企业在获得扩张和发展所需资金的同时持续优化股权架构，为高速发展和实施并购、多元化发展战略奠定基础。

对个人而言，原始股权投资是一种新兴的投资型创业模式。它不需要太多的资金，也不需要太多的技术，更不需要庞大的人力、物力及管理资源。我们要做的就是寻找有潜力的企业，然后竭尽一切去持有它的原始股权！

笔者根据自己多年来的管理实践经验，结合餐饮企业在不同成长阶段所面临的问题和挑战，以股权布局、股权设计、股权激励、门店合伙人、股权融资、风险规避等模块的内容来具体阐述股权配置与企业治理的新思路，希望能为餐饮企业经营者提供有益的帮助。

目　录

第一章

餐饮企业股权布局策略

> 管理者的一项具体任务就是要把今天的资源投入创造未来中去。
>
> ——德鲁克

股权的核心就是生产关系，它贯穿企业发展的始终，从成立到消亡一路相随，是企业发展的基石。

战略是用来开发核心竞争力、获取竞争优势的一系列综合的、协调的约定和行动。当企业选择了一种战略，那么可以说，其在不同的竞争方式中作出了选择。

从整体上说，餐饮企业通过股权来达到自己的经营目标和实现长远规划，就是一种战略规划，也是一种竞争方式的选择。当下，不同的餐饮企业通过不同的战略规划、激励方式来适应激烈的市场竞争，以期达到自己的经营期望。

股权设计、股权激励、股权融资与风险管理即战略的基本要素，四者统一服务于餐饮企业的战略需要。股权战略作为一种体系化经营工具，能在最大程度上实现企业的长远规划。

一、餐饮业的分类

餐饮企业是我国服务业中的企业类别之一。人们对这一类企业的称谓繁多，企业经营规模也大小不一。

1. 习惯性称谓分类

根据人们对餐饮企业的习惯性称谓和餐饮企业对自己招牌的命名不同，我们把餐饮企业分为酒店、饭店、宾馆、旅馆等，还有度假村、会所等，甚至根据经营地点命名为某某大厦、某某广场等从事餐饮企业项目经营，但其功能无外乎住宿、餐饮。

2. 功能性分类

依据餐饮企业提供的主要服务可分为住宿类和餐饮类，还可依据其所处的地理位置、设施配备、功能倾向等分为商务型、度假型等。

3. 星级标准分类

星级标准分类中将餐饮企业统一称为酒店，酒店的等级标准以星级划分，分为一星级到五星级五个标准，依据《中华人民共和国星级酒店评定标准》评定。

一星级酒店要有适应所在地气候的采暖、制冷设备；16 小时供应热水；

至少有 15 间（套）可供出租的客房；客房、卫生间每天要全面整理 1 次，隔日或应客人要求更换床单、被单及枕套，并做到每客必换；有英语服务。

二星级酒店在一星级酒店的基础上还需要有叫醒服务；18 小时供应热水；至少有 20 间（套）可供出租的客房；有可拨通或使用预付费电信卡拨打国际、国内长途的电话；有彩色电视机；每日或应客人要求更换床单、被单及枕套；提供洗衣服务；应客人要求提供送餐服务；4 层（含 4 层）以上的楼房有客用电梯。

三星级酒店需设专职行李员，有专用行李车，18 小时为客人提供行李服务；有小件行李存放处；提供信用卡结算服务；至少有 30 间（套）可供出租的客房；电视频道不少于 16 个；24 小时提供热水、饮用水，免费提供茶叶或咖啡，70% 的客房有小冰箱；提供衣服湿洗、干洗和熨烫服务；提供擦鞋服务；服务人员有专门的更衣室、公共卫生间、浴室、餐厅、宿舍等。

四星级酒店需要有中央空调（别墅式度假饭店除外）；有背景音乐系统；18 小时提供外币兑换服务；至少有 40 间（套）可供出租的客房；70% 客房的面积（不含卫生间）不小于 20 平方米；提供国际互联网接入服务；卫生间有电话副机、吹风机；客房内设微型酒吧；餐厅餐具按中西餐习惯成套配置、无破损；3 层以上建筑物有数量充足的高质量客用电梯，轿厢装修高雅；有商务中心，代售邮票，代发信件，提供电报、传真、复印、打字、国际长途电话和电脑出租等服务；提供市内观光服务；能用普通话和英语提供服务，必要时能用第二种外国语言提供服务。

五星级酒店除内部装修豪华，还要求 70% 的客房面积（不含卫生间和走廊）不小于 20 平方米；至少有 40 间（套）叫供出租的客房；室内铺满高级地毯，或用优质木地板或其他高档材料装饰；每间客房配备微型保险柜；有紧急救助室。

二、餐饮业的服务特点

餐饮企业作为服务业中的一类，提供的服务与其他企业相比有其独特之处。

1. 无形性

餐饮企业在服务效用上有无形性，它不同于有形产品，通过有形的标准等就能判断其质量好坏。就餐客人只有消费、享受服务之后才能评价餐饮服务的好坏。

2. 差异性

餐饮服务的差异性，一方面是指餐饮服务由餐饮工作人员通过手工劳动完成，而每位工作人员由于年龄、性别、性格、素质、文化程度等方面的不同，为客人提供的餐饮服务也不尽相同；另一方面，同一餐饮工作人员在不同的场合、不同的时间，面对不同的客人时，其服务态度和服务方式也会有差异。

3. 直接性

工业产品生产出来后大都要经过多个流通环节，才能到达消费者手中。而餐饮服务则不同，基本是当面消费、当面服务。

三、餐饮企业的治理形式

1. 个体工商户

《中华人民共和国民法典》（以下简称《民法典》）规定，自然人从事工商业经营，依法登记为个体工商户。

2. 有限责任公司和股份有限公司

《中华人民共和国公司法》（以下简称《公司法》）所称公司，是指依照本法在中华人民共和国境内设立的有限责任公司和股份有限公司。公司是企业法人。

有限责任公司的股东以其（认缴的）出资额为限对公司承担责任。公司以其全部财产对公司的债务承担责任。

股份有限公司是指符合法定人数的发起人按照《公司法》所规定的法定程序，通过向公众发行股票来筹集注册资本，而且其全部资本分成等额股份，股东以其所认购的股份为限对公司承担责任，公司以其全部财产对公司的债务承担责任的企业法人。其中，上市公司是指其股票可以在证券交易所上市交易的股份公司。

现实中，大多数餐饮企业为个体工商户，诸如夫妻店、兄弟店，或者几个朋友合伙成立餐饮企业。当然，也有不少餐饮企业会选择有限责任公司，而融资后的餐饮企业，又倾向于选择股份制类型。

作为餐饮企业的主要类型，有限责任公司与上市股份有限公司在法律上有以下区别。

第一，人的信任基础不同。有限责任公司更多地体现人合性，而股份有限公司更多地体现资合性。

第二，股份转让的自由性不同。有限责任公司股东对外转让股权需要经股东大会同意且原股东有优先受让权，公司增资时原股东也有优先认购权。当然，股东也可以通过公司章程和股东协议作出另外约定。而股份有限公司的股东对外转让股份无优先受让的规定，对公司增资也无优先认购权的规定。

第三，股东会的表决程序不同。股份有限公司股东会的表决程序是，股东会作出决议必须经出席会议的股东所持表决权过半数通过。但是，股东会作出修改公司章程、增加或者减少注册资本的决议，以及公司合并、分立、解散或者变更公司形式的决议，应当经出席会议的股东所持表决权的2/3以上通过。而有限责任公司股东会的议事方式和表决程序，除《公司法》有规定的，由公司章程规定。股东会作出修改公司章程、增加或者减少注册资本的决议，以及公司合并、分立、解散或者变更公司形式的决议，必须经代表2/3以上表决权的股东通过。这里面有个细微的差别，就是股东会表决权的计算基础不同。有限责任公司股东大会表决权的计算基础是公司表决权总数，而股份有限公司股东大会表决权的计算基础是出席会议股东所持表决权的总数。

第四，股权对应的权利不同。股份有限公司的资产被划分为股，注册资本被称为股本，股东按照所享有的份额享有股东权利，每一股份享有一票表决权。股份有限公司强调的是同股同权，即同类别的每一股份应当具有同等权利，拥有不同类别股份的股东可以享有不同权利。有限责任公司更多考虑了公司的人合性，如允许股东不按出资比例进行分配，对于表决权、分配权的行使都可以做特别约定。

第五，保护股东的权利内容不同。《公司法》规定股份有限公司单独或者合计持有公司 1% 以上股份的股东，可以在股东会会议召开 10 日前提出临时提案并书面提交董事会。股东会选举董事、监事，可以按照公司章程的规定或者股东会的决议，实行累积投票制（即股东会选举董事或者监事时，每一股份拥有与应选董事或者监事人数相同的表决权，股东拥有的表决权可以集中使用）。对于有限责任公司无此规定。

第六，股东代表之诉的提起不同。《公司法》规定，股份有限公司连续 180 日以上单独或者合计持有公司 1% 以上股份的股东，可以书面请求监事会向人民法院提起诉讼；其目的是防止股份有限公司小股东滥用股权损害公司和其他股东利益。而有限责任公司对股东代表提起诉讼无持股比例的规定。

四、餐饮企业的股权概念

股权即股东的权利。狭义上，仅指餐饮企业股东基于股权而享有的、从公司获得经济利益并参与公司经营管理的权利。股权的外延，泛指股东得以向公司主张的各种权利。

五、股权是餐饮企业股东合作的基石

西汉史学家、文学家司马迁在《史记》中这样论述利与益："天下熙熙，皆为利来；天下攘攘，皆为利往。"餐饮企业是商业组织，商业组织存在的理由就是盈利，不盈利的商业组织无法存续。企业是利益合作的集中体现，股权是利益分配的重要工具。

企业的存在和发展有两个核心要素：一个是团队，另一个是股权结构。股权结构不合理的企业一定做不大。可见，股权结构布局对企业来说非常重要。餐饮企业要在其发展的各个时期做好相关布局，以免埋下隐患。例如，如何确定餐饮企业股东的股权比例？股权比例是仅按出资确定还是区别资金股与人力股？如何保障创始人对企业的控制权？股东如何退出？退出时股权价格如何确定？这些具体问题关乎合作的成败。

股东之间股权结构设计不当，会导致利益失衡、分道扬镳，更有甚者，反目成仇，老死不相往来。

六、餐饮企业的股权布局战略

（一）股权设计（架构）

股权的作用是什么？融人、融钱、融智、融资源，对外吸引资金、资源，对内激励员工。股权设计，就是把股东权利实施落地的载体。《孙子兵法》有云："上下同欲者胜"。如果企业发展过程中人心不齐，各有打算，甚至互相拆台，这样的组织就很难做长久。

然而不可否认的是，即使在同一团队中，每个人的需求差异仍然很大。美国心理学家马斯洛把人的需求分成生理需求、安全需求、社交需求、尊重需求、自我实现需求五类（如图 1-1 所示），由低到高依次排列。由于企业中个体所处岗位职级、经历、背景及抗风险能力不同，个体在自身利益维护、自身发展的目标上大相径庭。公司在发展过程中需要充分考虑各方利益诉求，这就需要一套组织架构和机制，从而合理分配股权，科学的股权架构无疑是企业发展的必然要求。

案例 1：晋商的"顶身股制度"

晋商是中国商业文明史上的一颗璀璨明珠。乔家大院里走出来的乔致庸，怀揣着"汇通天下，货通天下"的梦想，从山西的一个小县城一举成为清末商业界的翘楚。

电视剧《乔家大院》中有这么一幕。正当乔致庸准备大干一番的时候，他最看好的包头"复字号"店铺跑街马荀向他递交辞呈。乔致庸与马荀进行了一番具有变革意义的谈话。乔致庸问：为什么要辞号？马荀回答：别处给的酬劳更高。在任何商业社会中，这是一个再正常不过的理由。乔致庸又问：

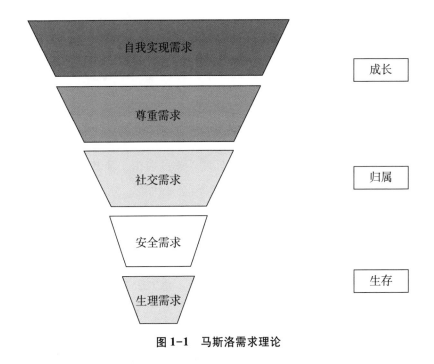

图 1-1　马斯洛需求理论

掌柜的为什么没人辞号？马荀回答：因为掌柜的在商号生意里顶着一份身股，不但平日里拿酬劳，4 年账期到了还可以领一份红利。乔致庸这才明白靠给更高的酬劳招募能干的跑街，总会有人出更高的酬劳挖走，只有"顶身股"这套制度才能留得住能干的人。因此，他为了激励伙计们好好干活，给商号里所有学徒期满出师的伙计每人顶 1 厘的身股，并随着年限而增加。这样一来，每到年底，伙计就可以领几十两甚至几百两银子的红利。

"顶身股"并不是所有伙计都有，必须是通过 4 年试用期后正式录用的伙计，然后还需要根据伙计的品质、能力和绩效来决定其是否能拥有"顶身股"以及能够拥有几厘。股权从 1 厘至 10 厘有 10 个等级，从 1 厘半至 9 厘半有 9个等级，一共是 19 个等级，等级划分要求严格。这对于已有"顶身股"和没有"顶身股"的伙计来说，都具有极大的吸引力和诱惑力。伙计为了当掌柜的、多得股份，个个都会努力地工作。

"顶身股"是晋商在几百年的经商过程中摸索并不断完善的一套卓有成效的股权激励方法。在封建社会末期，晋商正是通过这套股权激励制度将生意尤其是票号生意推向全国，影响深远。

现代企业的发展离不开各种资源的整合，对优秀人才的渴望和资金的需求更是企业前进过程中时时要考虑的问题。一个好的股权架构和合理的股份安排，将会极大地促进企业的快速发展。

（二）股权激励

股权激励是企业通过向激励对象分发一定的股份，使其享有企业一定的经济权利、治理权利，能够以股东身份参与企业决策、分享利润、承担风险，从而勤勉尽职地为企业长期效力的一种激励机制。通过心理契约的达成和长效激励机制的保障，能够实现员工和企业从利益共同体向事业共同体的成功过渡。

如今，人力资本已成为企业的第一资源。重大公共卫生事件不断冲击着基础本就薄弱的餐饮企业。有数据显示，2022年上半年中国关闭的企业数约为46万家，注销的工商主体超过200万家，其中一部分是餐饮企业。在市场"寒气"传导的同时，我们也欣喜地看到一些重视人力资本的餐饮企业得到快速发展。

如今，企业之间的竞争是人才的竞争，是激励制度的竞争。为了避免出现人才流失、制度落后的局面，很多企业把股权激励作为重要的激励手段。据有关报道，我国已经有70%左右的拟上市公司实施了股权激励，更多的餐饮企业也根据自身的行业、发展阶段、规模、人员状况等情况进行综合分析，逐步搭建自己的股权激励体系。股权激励已常态化，事实表明，谁拥有人才，谁就有抢占资本市场的可能性，而股权激励尤疑已成为企业发展的核心动力。

案例2：西贝凭什么一年做到50多亿元？

近年来，西贝的发展可谓是气势如虹，非常迅猛。这个创办于1988年的餐饮品牌，截至2024年2月，已拥有300多家直营店，员工2万余名，年销售额达到了几十亿元。

西贝这几年的迅猛发展让人刮目相看，特别是2015年开始实施西贝莜面村独创的合伙人计划（即"创业分部+赛场制"）后，门店和业绩都实现了快速增长，成为中国餐饮业的一面旗帜。

（1）把利润分给奋斗者。贾国龙的企业经营理念深受华为任正非的影响，他说："如果老板学不了任正非舍得分钱，企业学华为白学。"

据正和岛的报道，贾国龙曾和高管们探讨一个问题：西贝作为餐饮企业，到底是人对企业发展的贡献更大还是资本更大？结论是，人的贡献更大。所以，西贝要玩奋斗者的游戏，而不是资本的游戏。这也暗含了华为的基本理念，《华为基本法》第九条强调人力资本不断增值的目标要优先于财务资本增值的目标。

餐饮是辛苦行业，基层员工往往都是"草根"，文化程度不高，凭体力挣钱，一般工资待遇也不高。贾国龙希望能有所调整，给基层员工多一些利益："但这个利益不是普惠、都给，我希望优秀的人能够做得更好，收入更高，希望通过这种模式让他们明白干辛苦行业一样可以有好收入。"

在西贝，每开一家新店，总部占股60%，团队自己投资40%，利润也是六四开。西贝总部给了他们最大程度的股权下放，他们只需要向总部上缴60%的利润，余下的40%由管理团队自行分配。贾国龙将西贝的组织模式总结为共创共享，就是团队共同创造价值，然后按价值评价的方式把钱分配出去。

善于分钱，才能赚更多的钱。除了让员工共享开店带来的收益，贾国龙还主动带头把自己的钱分出去。贾国龙认为，企业的老板和高管是企业里的"食利者"，他们一次入股永远分红，靠投资就可以坐享其成。而其中，老板是企业最大的"食利者"，所以要带头分钱。他说："虽然我付出很多，但我得到的回报和付出真的匹配吗？觉醒了，就要带头把钱分出去。"因此，作为总部绝对大股东的贾国龙夫妇在西贝公开承诺带头分利，每年拿出自己50%以上的分红来给员工发奖金。

贾国龙曾在西贝年会现场发出7000万元的"喜悦奖"。贾国龙还给分部老板、总部高管立下一条规矩：年收入超出1000万元的部分，拿出50%激励自己团队里的各级奋斗者。贾国龙不怕高管"造反"吗？"西贝对这些分部老大、高管的各种激励足够，只有使他们的收入欲望节制，不产生新的'食利阶层'，激励一线奋斗者，才能保证西贝长盛不衰。这个游戏越往后越厉害。"贾国龙还提到，"组织的竞争力是靠多个维度的因素保障的，分利只是其中一点。当然'利'的刺激是有限的，而且容易疲乏，以高管的收入水平来说，'利'不足以激励他，他们还追求做事的价值和贡献，希望一份事业能够体现个人的一些理想。"

（2）独创的合伙人机制：创业分部+赛场制。2015年，为了激励门店员工，西贝独创了一套"创业分部+赛场制"的机制，也就是西贝的"合伙人计划"。

餐饮行业的扩张往往是以地域为依据，将部门划分为不同的经营单位。西贝却另辟蹊径，它的创业分部都是以每个分部的总经理为核心创建，甚至名称也以他们的名字命名。创业分部的另一个独特之处在于，它不仅打破了传统企业按照地域划分的方法，还在同一区域让多个创业分部同时开店，引入竞争机制。"举例来说，A总经理在上海负责一个创业分部，只要符合条件，B总经理也可以申请一个创业分部到上海去开拓市场，从而形成了与A的竞争。但总部会协调A和B门店选址，以确保A和B之间是良性竞争，而非门对门的'骨肉相残'。"西贝前副总裁楚学友在接受采访时说道。

这就是西贝内部的"赛场制"，据说这是体育赛场的"裁判员制度"带来的灵感。赛场制，顾名思义，员工之间要有竞赛，比、学、赶、帮、超，贾国龙希望通过各种比赛把奖金分下去。"西贝的价值观里有一个'不争第一我们干什么'，其实就是一种竞赛文化。我要往下分，分给谁呢？比如三个人比赛，我就分给第一名，那第二名和第三名也得想方设法做得更好，我觉得这个其实才是关键。就是不能平均分配，否则就成了大锅饭。"贾国龙在一次采访中说道。

从2015年开始，西贝允许其创业分部以及下属的各个管理团队相互竞争。在西贝的扩张规则里，除去为了避免恶性竞争的规模限制，如果两个管理团队看中了同一座城市的市场，完全可以共同进驻、各凭本事。

创业分部负责在前线"打仗"，而总部则负责后台赋能。西贝的系统开发、硬件全部是总部负责，分部带着人直接入驻就好了。而且供应链也是打通的，从采购到中央厨房再到门店。贾国龙说："门店开发也是总部的，财务由门店中控，分部自己招人，自己培训。当然，整个培训的体系总部有标准，然后每个分部有对应的一个培训体系，这样的机制更能够让他们在西贝里面自己创业。"

（3）用一张经营牌照实现团队裂变。在西贝，并不是每一个团队都有资格开店。西贝总部会对创业分部每年发放"经营牌照"，通过利润、顾客评价等指标考核进行全国大排名，拿到牌照并非轻而易举。"我们以季度为单位比赛，进行排名，分A+、A、B、C几个档次，获得4个A才能换一张牌照，也就是开一家店。1 个 A+ 等于 2 个 A。如果拿到越来越多的 A，那这个团队就越来越大，开的店会越来越多。"贾国龙说，"我们最大的团队，2018 年年营业额就超过 10 亿元了"。

同时，为了减轻创业团队的资金压力，西贝总部会承担开店前 3 个月的所有资金成本，这就让西贝的团队避免了资金链断裂的情况，在一开始就胜过了许多独立创业的小团队。但是，这种"庇护"并不是无限期的。以 3 个月为限，这些管理团队负责的门店就需要实现盈利，和总部分享利润。也就是说，每家新店开业 3 个月之后，西贝总部就开始进行资金回流。在这样的运行机制之下，西贝总部基本上不会有投资期限过长、无法正常运转的问题。

但是，拿到一张经营牌照，并不代表它就永远属于你。每年西贝都会组织一个考核团队，深入门店进行多种标准的考核。考核过后，西贝会将所有的门店进行一个全国大排名，排在后 30% 的管理团队，会被收回经营牌照以及相应的股份。西贝总部会将收回的经营牌照发放给排名在前 30% 的管理团队。

这些标准不仅是为了考核门店，还是一种倒逼机制。为了达到这些标准，西贝的各门店必须不断提升门店的服务品质，才能避免因为落后被收回牌照。最直观的效果就是让顾客体验感逐步提升。如果顾客在买单时评价某个菜不好吃，门店必须免单，而损耗的成本由管理团队负担。除了占据最大参考份额的利润因素，还有顾客评价、门店环境、菜单创新等指标。

然而，被收回牌照的团队并不意味着就要被辞退。西贝会将这个团队打散，重新分配到其他团队中去，让团队成员获得新的股权。而且，即使团队是处在重新分配的过渡期，西贝也会照常给他们发放薪水，为员工解除了后顾之忧。这就给了员工试错的机会：上一次的失败可能是客观因素的制约，在下一次的重新组队中，依然可以证明自己的个人能力。

在《阿米巴经营的中国模式》一书中，作者李志华先生提出企业从表面上看是现金流、营销、技术等问题，深层次是人才，本质上却是经营哲学和管理机制。经营哲学起到凝聚人心并为企业未来发展指引方向的作用，它是指引企业发展方向的牵引力，也是约束企业、规范企业行为的约束力；管理机制要创新，要与企业发展的阶段相匹配，创新的管理机制能够降低企业运营成本，提高市场反应速度，实现员工"要我干"到"我要干"的自主经营管理的转变。做好股权激励，就是对经营哲学的应用，用股权创新企业的管理机制。

对餐饮企业成员来说，有了所在企业的股份，其生产工作积极性会自觉提高，会为企业创造更多的效益。

（三）股权融资

股权融资是企业的股东愿意让出部分企业所有权，通过增资的方式引进新股东的融资方式。

在企业经营的全过程中，需要通过各种途径来保证企业的资金安全。毫无疑问，金融发挥了重要作用，它是实体产业的助推器、润滑剂。但长期以来，金融与实体经济的关系反而成为"两张皮"，餐饮企业尤其是中小企业融资难、融资贵成为普遍性问题；传统金融脱离实体使金融资源无法有效地进入餐饮企业，而这些餐饮企业恰是实体经济中对资金迫切需求的行业。

对于餐饮企业来说，股权融资是其快速发展的重要手段。股权融资的优点是不会增加企业负债，且不存在到期后归还本金和利息的问题；缺点是会稀释企业股权，新股东会参与企业经营和分红，与老股东共同分享企业的盈利。

我们看到，很多餐饮企业在其发展的各个阶段都有不同程度的资金需求，而一些餐饮企业，尤其是连锁餐饮企业之所以能够快速成长，除了因为行业红利，还因为股权投资市场的蓬勃发展。

如果我们是投资方，如何判断企业是否值得投资？如何与融资方设计对赌条款？如何设计退出条款？如何防止投资打水漂？这些都是股权投资时要关注的重点。

（四）餐饮企业门店合伙人的股权实践

餐饮企业传统门店如何突破困局，实现业绩快速增长？餐饮企业门店合伙人模式可以实现企业业绩飙升、缓解资金压力、有效激励人才等多重目标。如何进行门店合伙人设计，可以参考餐饮企业门店合伙人案例。

（五）股权风险规避

俄国作家托尔斯泰说过："幸福的家庭都是相似的，不幸的家庭各有各的不幸。"在商业领域里，这句话应该是反过来说的：失败的企业都是相似的，成功的企业各有各的成功。商场如战场，在企业发展的不同阶段，各类潜在风险如影随形。从企业股权架构到股权激励，其中涉及的股权纠纷风险、合规管理风险、税务风险等都是企业管理者需要规避的。

案例3：真功夫股权纠纷的惨痛代价

真功夫是我国知名的快餐品牌，也是规模最大、发展最快的中式快餐企业之一。不过，近几年，其股权之争的知名度恐怕早已超过其品牌的知名度。

在2010年之前，真功夫以其独特的商业模式和发展前景，获得了众多股权投资基金的青睐。2007年10月，真功夫获得了今日资本和联动投资两家企业的大额投资。基于如此强劲的发展势头，企业和资本方决定在2010年上市。

然而，谁也没有料到，真功夫在接下来的股权之争中遭遇滑铁卢，上市之路也越发遥不可及。

真功夫的前身是潘宇海在东莞开的一家甜品店，随后，他的姐姐潘敏峰和姐夫蔡达标各出资4万元，潘宇海也出资4万元，将甜品店改成了快餐店。此时，他们的股权分配如图1-2所示。

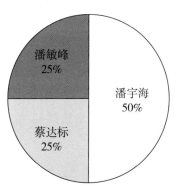

图1-2　真功夫初期的股权分配

经过 3 年的艰难发展，真功夫陆续在全国各地开设连锁店，企业走上了快速发展的道路。在这个阶段，负责门店扩张的蔡达标对企业发挥的作用越来越大，于是从 2003 年开始，企业的主导权从潘宇海的手中转移到了蔡达标的手中。

2006 年 9 月，潘敏峰和蔡达标离婚，潘敏峰持有的真功夫 25% 的股权归蔡达标所有。2007 年，真功夫获得了今日资本和中山联动的 1.5 亿元投资，两家企业对真功夫的估值达到 50 亿元。此时，真功夫合伙人之间的股权分配如图 1-3 所示。

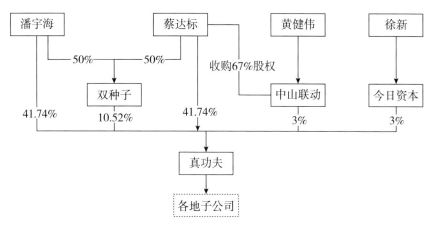

图 1-3　资本进入后真功夫的股权结构

今日资本和中山联动作为资本方，追求利益最大化是最终目的，而其投资真功夫，最看重的也是蔡达标的能力。于是，在接下来的股东会、董事会上，两家企业都毫无保留地支持蔡达标。这样一来，作为创始人的潘宇海逐渐被边缘化。为了进一步拿到企业的绝对控制权，蔡达标开始辞退一些与潘宇海关系密切的中高层管理人员，企图把潘宇海架空。当然，潘宇海也不是吃"素"的。心有不甘的潘宇海控诉蔡达标恶意侵占，并亲手把昔日的姐夫蔡达标送进监狱，蔡达标最终被判处有期徒刑 14 年。

股权设计是家族财富传承的重要内容。中国企业经过几十年的发展，很多通过创业获得财富的餐饮企业家正逐步退出江湖。在企业传承过程中可能涉及这些问题：企业未来是否上市？企业家是套现离开还是实现企业传承？

企业是家族传承、经理人传承还是合伙人传承？子女是否有能力接班？当子女不止一人时，股权如何分配？子女不愿意接班，企业该怎么办？企业权力交接之后，企业治理如何完善？此外，股权还涉及股东离婚，配偶能否成为股东；股东死亡，其股权能否被继承者继承等问题。

创业不懂股权会损失惨重。科学分股是合伙人之间或者企业与员工之间，以及企业与外部投资人之间，通过附条件授予股权的方式，使各方与企业形成利益共同体、事业共同体乃至命运共同体，让企业持续盈利、稳健发展。科学分股，能凝聚人心、团结团队、助推企业发展，是餐饮企业发展的重要机制。

第二章

餐饮企业股权设计

> 不管多么伟大的企业，都必须仰赖员工各自贡献才能和力量，才能创造出辉煌的成果。
>
> ——华特·克莱斯勒

根据现代公司理论，股权设计是指国家股东、法人股东及社会公众股东的持股比例结构设计。它以股权比例为基础，对股东权利、董事会、股东大会的职权与表决程序进行层级构建。它涉及公司的管理权、决策权和利益分配权，而不是简单的投资比例或者股权设定的比例。股权设计的主要内容是股东股权比例的分配，股东会、董事会职权及股东会会议的规定；表决权及表决方式的设计，公司控制权及利益分配模式的设计等。

一、餐饮企业股权的定位①

股权的本质就是股东对公司的"所有权"，股东是公司产权的拥有者。理论上，只要是餐饮企业的股东，就可以参与利润分配，并且拥有公司表决权。从股权的定位角度看，股权具有如下 3 种特性。

1. 股权的法定性
股权的法定性，是从权利义务角度对股东权利义务的书面确认。《公司法》第四条是对股东权的高度概括，是餐饮企业股权的法定性来源，也是餐饮企业进行股权设计的法定依据。

○│**法条链接**
《公司法》第四条规定：公司股东对公司依法享有资产收益、参与重大决策和选择管理者等权利。

2. 股权的财产性
股权的财产性特征，是股东享有股权的最重要权利。财产权是以财产利益为内容，可以转让、处分、获得收益的一项权利。从某种意义来说，餐饮企业股东加入个人合伙或企业法人，最重要的目的是获得收益。而股东基于资产收益权获得的收益，就是股权财产性的体现。股东向企业投入资本的目的就是获取投资回报，而受益权则是这种投资回报在法律上的体现，集中表

---

① "股权""股份""股票"均为权利人（股东）持有非上市公司资产和权利对外的一种表达，不做严格区分。本书中使用"股权"一词代指股东享有的相关权益。

现为股东在餐饮企业运营过程中所享有的分配股利和在企业清算时所享有的分配剩余财产的权利。

例如，甲乙合作成立餐饮合伙企业，双方约定企业注册资本为100万元，甲出资30万元，从出资的角度看，甲可以主张自己所占有的股权比例为30%，但实际中决定甲股权及基于股权的收益比例不仅是出资，还包括创始人贡献、有无技术及后续发展前景等因素。但甲出资的最重要的目的，就是基于其股权获得的收益及转让、处分股权的权利。

3. 股权的人身性

"身份权"是指拥有一个身份后所能享有的权利及相应的义务。在餐饮企业中，股东的身份权、参与重大决策权、知情权等均为股权身份权的重要体现。在损害股东利益责任纠纷中，法院都需要先行确认股东资格。隐名股东、未办理变更登记的股权继承人、因离婚分割股权的配偶方（尚未办理工商变更登记），或者股份公司中仅持有股权证，无缴款凭证也未被记载于股东名册、章程中，都会被法院认定为不具有股东资格，进而无权提起损害股东利益责任纠纷之诉。

在股东婚变或死亡的情况下，谁能取得股东资格就是股权人身性的体现。

法条链接

《公司法》第九十条规定：自然人股东死亡后，其合法继承人可以继承股东资格；但是，公司章程另有规定的除外。《中华人民共和国公司登记管理条例》（以下简称《公司登记管理条例》）第三十四条规定：有限责任公司的自然人股东死亡后，其合法继承人继承股东资格的，公司应当依照前款规定申请变更登记。

二、餐饮企业的股权架构与组织架构

1. 餐饮企业的股权架构

《孙子兵法·谋攻篇》中写道："将能而君不御者胜"。大多数餐饮企业创业者都认为只有企业做大做强了，才会涉及股权架构的设计；殊不知，企业如果要快速发展、快速转型，就需要利用股权吸引人才和资本，再由此推动企业创新。这一点在餐饮业尤为明显。餐饮企业的股权架构要服务于企业的战略定位，企业制定了什么样的战略，就要配置相应的股权架构。

餐饮企业股权的架构包括餐饮企业与连锁店、子公司、分公司、股东、投资人之间的股权安排、持股关系确定、责任权利约定，还要处理好控制与分权的关系。在上述股权架构处理中，股权设计是权力设计和利益分配的重要手段。

《军谶》中写道："军无财，士不来。军无赏，士不往。"执行战略时，需要相应的激励与约束。除了物质激励，充分授权也是一种激励。

餐饮企业的股权设计，应当从其行业特性、行业发展阶段以及企业的生命周期综合来看。在综合权衡的基础上量体裁衣、实事求是、关注重点、循序推进、开放吸纳、坚持过程与结果并重，制订出真正适合餐饮企业的股权设计方案。

2. 餐饮企业的组织架构

股权是企业的根基，伴随企业从生到死。在股权总和100%的框架下，各股东的股份比例是企业汇聚的社会资源体现，是资本与资源关系博弈均衡的结果。同时也应注意，股权设计不是简单的股权比例，是取得企业决策权和管理权的主要因素。因为股权是一种基于投资而产生的权利，企业管理权源于股权或基于股权的授权，企业决策权源于股权，同时又影响企业管理的方向与规模。企业在进行股权设计前，需要先审视一下自己的企业组织架构。

餐饮企业的组织结构分为两个系统，一个是企业的组织结构，另一个是门店的组织结构。

企业的组织结构要比门店复杂得多。一般餐饮企业的结构包括人事行政等职能部门、与一线门店对接的运营部门、负责品牌策划宣传的品宣部门、负责市场推广的推广部门、负责工程建设的工程部门、负责后端供应链的工厂及中央厨房等。餐饮企业因特殊的行业属性，其组织结构有自身的特点，一般而言，大多数餐饮企业有垂直性的管理体系。中型餐饮企业的组织架构如图2-1所示。

门店的组织结构通常由基层、中层、管理层三个层级构成。基层主要包括前厅服务人员、后厨基础操作人员、打杂打荷传菜等基础岗位，中层包括前厅组长、主管、经理以及后厨厨师长、主管等，管理层就是门店店长和经理。小型中餐门店的组织架构如图2-2所示。

常见企业的股东会及股东大会处在权力的最顶端。股东大会是企业决策

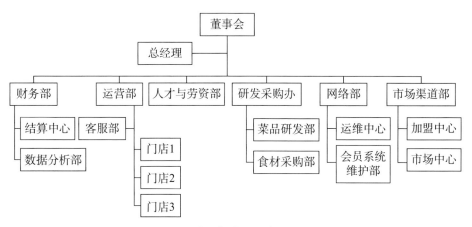

图 2-1　中型餐饮企业的组织架构

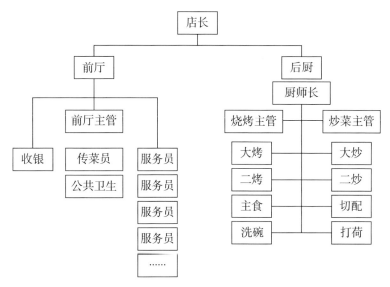

图 2-2　小型中餐门店的组织架构

权和管理权的来源，控制了股东会、股东大会就能够控制董事会，进而掌控重要的人、财、物等权力，达到掌控企业实际经营管理权的目的。

实践中，餐饮企业如果有科学合理的组织架构和股权架构，那就有了长盛不衰的动力来源。股权在调动股东积极性、外部资源注入及股权融资方面具有重要作用。反之，组织架构、股权架构存在缺陷，常常为企业未来的发展埋下隐患。

案例4：股权设计隐患引发的悲剧

2019年，王富贵和两位老同学共同出资300万元在北京成立了富贵餐饮公司，王富贵出资135万元，持股45.0%，另外两个人各出资82.5万元，各持股27.5%。从股权结构来看，王富贵是占比45.0%的大股东，而相对于两位同学的合计持股，他又是小股东。当时他们商量的结果就是，其他人听王富贵的，但是如果王富贵一意孤行的话，另外两个人又可以制约他。

2020年，3人开始逐渐有了分歧，最核心的问题在于赚的钱应该怎么用。王富贵一直主张赚了钱就要投入企业发展中，而其他两位股东希望赚钱后分红。为此，富贵餐饮公司进行了一次股权调整，3人的股份被均分成了3份，各占33.3%，而且工资、分红也完全均等。至此，富贵餐饮公司彻底变成了一家奉行平均主义的企业，然而这个平均主义的可怕之处在于，3人此刻的裂隙已经无法弥合。2023年，3人的矛盾激化，直接导致了年底股东彻底分家。经过投票，其余两股东被迫各拿50万元离开富贵餐饮公司，王富贵获得了100%的控制权。然而，100万元的买断费用王富贵是出不起的，最终决定先给两位股东20万元现金，剩余款项半年内付清。但付完第一笔的股权买断费之后，富贵餐饮公司的资金链脆弱，只好通过融资补足缺口，但因为持续三年的疫情及疫情放开后餐饮行业利润的整体下滑，王富贵始终难以弥补资金缺口，最终只能将企业出售。

其实，疫情的持续只是外因，最重要的原因是3人在经营过程中争权夺利，互相拆台，造成企业政令不通。从股权架构设计和控制权角度分析，首先，初创时45.0%、27.5%、27.5%的股权架构，是典型的无控股股东架构。这种结构最大的危险就是重大决策自己不能单独作出决定，而其他两个股东团结一致时反而有控制权。其次，当企业发展壮大后，股东之间出现矛盾和分歧，王富贵为了"大局"作出了减少自己股权的决定，调整后的股权结构为3人均分，即3人各占总股权的1/3，出现了其他两位股东联合起来就能实现绝对控股的危险局面。股权的变动给企业的实际控制权带来了风险，这为以后的悲剧埋下了伏笔。

从上述的案例中我们可以得到的教训是，企业没有控股股东，就会引发控制权争夺；为了争夺控制权，股东之间钩心斗角，相互拆台，企业的重大经营决策事项难以通过表决。在这样的乱象之下，企业难免元气大伤直至走向没落。

案例5：在股权结构上，海底捞做对了什么?

中式连锁餐饮店四川海底捞餐饮股份有限公司（以下简称海底捞）在创立初期，其股权结构是被称为"最差的股权结构"的绝对平均型。创始人为4个自然人，即张勇、舒萍、施永宏和李海燕，4人每人出资1万元成立了海底捞，每人占25%的股份。海底捞的早期股权结构如表2-1所示。

表2-1 海底捞的早期股权结构

序号	股东	股权比例（%）
1	张勇	25
2	舒萍	25
3	施永宏	25
4	李海燕	25
合计		100

张勇与舒萍结为夫妻，施永宏与李海燕结为夫妻。海底捞的股权结构变为张勇夫妇与施永宏夫妇各占50%。如果两对夫妻的婚姻出现问题，则事态将变得复杂。

张勇夫妇和施永宏夫妇觉悟得早。随着张勇管理能力的凸显，为优化股权结构，避免企业发生控制权争议，也为避免形成家族企业，经4人商议，舒萍和李海燕离开海底捞核心管理岗位。2007年，在专业人士的指点下，张勇与施永宏协商一致，施永宏也离开海底捞核心管理岗位。海底捞进行了股权重组，张勇从施永宏夫妇处受让了18%的股权，海底捞形成如表2-2的股权结构。

表2-2 海底捞股权重组后的股权结构

序号	股东	股权比例（%）
1	张勇	43
2	舒萍	25
3	施永宏	16
4	李海燕	16
合计		100

海底捞的股权重组后，张勇个人持股 43%，与舒萍共同持股达 68%，张勇夫妇成为海底捞的实际控制人。此后企业飞速发展，截至 2021 年 12 月 31 日，海底捞全球共有门店 1443 家。

2018 年 9 月 26 日，海底捞正式登陆香港联交所。根据公开财务信息，海底捞 2021 年度的营业收入为 413 亿港元，公司市值 2021 年 2 月达到 4700 余亿港元的峰值。施永宏夫妇在海底捞上市后持有 16.8% 的股份，按照 4700 亿港元计算，施永宏夫妇的身家一度接近 800 亿港元。

施永宏夫妇通过"舍"，获取了"得"，通过放弃对海底捞的控制权，实现了个人财富的巨额增值，也使海底捞从一家只有 4 张桌子的火锅店，稳步成长壮大。

三、餐饮企业的股东权益与公司治理

股东权益是投资人向公民合伙和企业法人投资而享有的权利，包括监督管理权、经营决策权、资产收益权、知情权、优先认股权等。

（一）股权设计的意义

一是保证餐饮企业大股东或者控股股东对企业的掌控。如果企业的股权架构不合理，轻则导致股东争议不断，重则导致企业出现重大经营风险。二是明确股东的权、责、利。股权是股东利益的体现，设计股权架构可以明确各股东的权利和责任，企业的管理也基于股权或股权授予的权力。三是企业进行融资和进入资本市场的要求。企业发展过程中不可避免地要进行融资甚至进入资本市场，如企业股权不清晰合理，会让投资人及资本市场感到风险较大，进而使企业失去相关的融资机会。

（二）公司治理

公司治理是指对利益相关者的责、权、利关系的一种制度安排，主要是股东、董事会、经理层的关系。这些利益关系决定企业的发展方向和业绩，利用公司治理结构和机制，明确不同利益相关者的权力和责任。公司治理一直以来被大型公司、上市公司所关注。由于大多数餐饮企业规模小，生存环境脆弱，往往会忽视公司治理。其实，实力弱小的餐饮企业更需要公司治理，确保少走弯路，少犯错误。因为大企业犯错尚有回旋余地，但实力弱小的餐饮企业一次犯错就可能"机毁人亡"。很多餐饮企业的公司治理往往比较简化或粗放，所有者与经营者并不能严格区分，要么"三会"制度缺失，要么不健全。

完善的治理结构能确保企业有问题时"人机分离"，而治理结构不健全的企业有问题时就会"机毁人亡"。前些年黄光裕、黄宏生因涉案入狱，但是他们的企业却能继续正常经营，就是因为他们的企业都是上市公司，有完善的治理结构。

股权结构是公司治理机制的基础，它决定了股东结构、股权集中程度以及大股东身份、股东行使权力的方式和效果，进而对公司治理模式的形成、运作及绩效有较大影响。多数餐饮企业在创立和发展中会遇到一些"顶层设计"问题，诸如，如何设计股权架构才能更有效地控制企业？大股东在持股比例持续降低的过程中，怎样更有效地巩固控制权？股权激励如何实施？股权激励方案如何制定？这些问题环环相扣并且相互影响。

现代公司制度下公司治理分为三个层面：

一是股东所有权，体现形式是股东会、股东大会。

二是决策权和监督权，体现形式分别是董事会和监事会。

三是管理权，体现形式是包括总经理或首席执行官在内的各职能部门。

这三个层面互相依存而又互相影响。首先，所有权决定企业决策权和管理权的归属，股东会控制董事会以及总经理人选。其次，企业的决策权和管理权也对所有权产生影响。企业发展和运营得好，市场认可其价值，那么它的股权价值就高，就可能吸引内外部投资者加入，从而改变和优化企业的所有权结构。最后，治理完善的企业，其所有权、决策权和管理权是分离的，通过聘任董事和高级管理人员来运营企业，而控股股东并不负责企业的具体事务；为了激发董事、监事、高级管理人员为企业进而为股东创造新的价值，会对他们进行股权激励。

（三）股东权益

1. 股东身份权

根据《公司法》规定，有限责任公司成立后应当向股东签发出资证明书，并应当置备股东名册，记载股东的姓名或者名称及住所、股东的出资额和出资证明书编号。公司应当将股东的姓名或者名称及其出资额向公司登记机关登记；记载于股东名册的股东，可以依股东名册主张行使股东权利。但是，未经工商登记或者变更登记的，不得对抗第三人。因此，餐饮企业成立后应尽快将自己的股东身份落实在登记的权利证书上。

2. 参与重大决策权

根据《公司法》，股东可以通过股东会来行使下列权利：审议批准公司的年度财务预算方案、决算方案、利润分配方案和弥补亏损方案，对公司增加或者减少注册资本作出决议，对发行公司债券作出决议，对公司合并、分立、变更公司形式、解散和清算等事项作出决议，修改公司章程以及公司章程赋予股东会的其他权利等。

3. 选择、监督管理者权

选择、监督管理者权是股东参与企业经营权的重要体现，股东通过股东会选举和更换非由职工代表担任的董事、监事，决定有关董事、监事的报酬事项；审议批准监事会或者监事的报告；股东通过股东会选举公司的董事会、监事会，监督公司董事会、监事会以及高级管理人员对公司的经营管理行为。在公司董事、监事、高级管理人员侵害公司权益时，公司股东还享有代位诉讼权。

4. 资产收益权

公司股东资产收益权的一个重要体现就是股东获得企业的利润分配，公司向股东分配利润也是回报投资者的重要形式，这一权利是众多股东权利的核心，也是股东投资公司的目的所在。《公司法》总则第四条规定："公司股东对公司依法享有资产收益、参与重大决策和选择管理者等权利。"作为股东财产权中最为重要的一项权利，如果在股权架构及激励时存在偏颇，就会影响各股东继续参与企业经营或投资公司的积极性，不利于企业的长远发展。

5. 知情权

知情权是股东行使资产收益权和参与企业经营管理权的基本前提，股东有权查阅、复制公司章程、股东会会议记录、董事会会议决议、监事会会议决议和财务会计报告。股东可以要求查阅公司会计账簿。股东要求查阅公司会计账簿的，应当向公司提出书面请求，说明目的。对股东有正当目的但公司无理由拒绝提供查阅的，股东可以请求人民法院要求公司提供查阅。

6. 关联交易审查权

股东有权通过股东会就公司实际控制人、高管及股东提供担保作出决议，在作出该项决议时，关联股东或受实际控制人支配的股东，不允许参加该事项的表决。《公司法》第二十二条规定：公司的控股股东、实际控制人、董事、监事、高级管理人员不得利用关联关系损害公司利益。违反前款规定，给公司造成损失的，应当承担赔偿责任。

7. 提议、召集、主持股东会临时会议权

股东有权按照公司章程的规定召开股东会。实际上，定期召开的股东会不能全部满足企业运营的需要，因此《公司法》规定股东可以根据情况召开临时会议。

法条链接

《公司法》第六十二条规定：代表 1/10 以上表决权的股东、1/3 以上的董事或者监事会提议召开临时会议的，应当召开临时会议。

第一百一十四条规定：单独或者合计持有公司 10% 以上股份的股东请求召开临时股东会会议的，董事会、监事会应当在收到请求之日起 10 日内作出是否召开临时股东会会议的决定，并书面答复股东。

8. 决议撤销权

实践中，由于餐饮企业的股东会基本上是实行资本多数决制度，小股东往往难以通过表决方式对抗大股东。大股东则可能利用其优势地位，按照自己意愿决定公司的重大事项，这会损害到小股东的利益。对此，《公司法》赋予小股东请求撤销程序违法或者实体违法的股东会、董事会决议的权利：公司股东会、董事会的会议召集程序、表决方式违反法律、行政法规或者公司章程，或者决议内容违反公司章程的，股东自决议作出之日起 60 日内，可以请求人民法院撤销。

9. 退出权

公司成立后，股东不得抽逃出资。但这并不妨碍股东因为企业经营的需要可以退出公司的股权，甚至在符合法定程序的条件下提出解散公司。

例如，公司经营管理发生严重困难，继续存续会使股东利益受到重大损失，通过其他途径不能解决的，持有公司 10% 以上表决权的股东，可以请求人民法院解散公司。

10. 诉讼权和代位诉讼权

在餐饮企业运营过程中，股东如能证明公司董事、高级管理人员违反法律、行政法规或者公司章程的规定，损害股东利益的，可以向人民法院提起诉讼。必要时，股东可以提起代位诉讼。他人侵犯公司合法权益，给公司造成损失的，前款规定的股东可以依照前两款的规定向人民法院提起诉讼。

当然，股东的权利并不仅限于上述 10 项，股东依据法律法规和公司章程享有其他权利。

餐饮企业的股东要想获得上述权利，就需要通过一套股权设计来实现。股东最想得到的是企业发展带来的资产收益，其他权利股东可以通过公司章程进行约定放弃行使或部分行使。

四、餐饮企业股权设计的核心逻辑

（一）大而不独

餐饮企业在股权设计中，最常见的错误就是平分股权，尤其在初创期且只有两个股东时，这样约定股权比例不仅说明团队没有领袖，更为未来企业发展埋下隐患。

案例 6：知名餐饮企业创始人的恩怨

某知名餐饮企业的两位创始人王某和陈某，2015 年最早合作的时候，每人出 5000 元，各占 50% 的股权。当时两人觉得此分配公平合理，谁也不占便宜。但后来的股东纠纷，使其成为企业股权设计方面的典型案例。

股东王某敢打敢拼，陈某为人低调，企业日常经营基本由王某负责。企业成立只有五年，他们就把企业做成了当地最大的餐饮企业之一。而之后投资人进入，也成为企业的股东，占了 10% 的股权。王某和陈某变成了各占 45%。随着事业的蒸蒸日上，两位大股东出现了隔阂。导火索是王某自行注册了数家子公司，在股权设置上完全撇开了陈某，这引起了陈某的强烈不满。随即而来的就是股权纠纷大战，最后王某只能被迫让出董事长和总经理的位置。

创业，每天都面对极大的不确定性。企业发展过程中，创始人的意见大概率会不一致。这时必须有一个人是领袖，否则寸步难行。

（二）先挣后给

企业存在的目的就是盈利，在实现企业扩张的过程中，需要整合不同技能、资源的人或者团体进入。餐饮企业因规模相对较小、企业股东人员有限、员工素质参差不齐等原因，管理者会倾向于将企业股份一次性分给部分专业人才。诚然，企业对人才求贤若渴，但如果将股份分出去后，却发现有的人无法胜任，未能达到给企业创利的目的，那再想收回他的股份就不太容易了，很可能产生法律纠纷。

案例 7：股权分配，"先挣" or "后给"？

某餐饮企业有 A、B、C 三位股东，其中股东 C 是作为地方菜传承人引进后加入企业的，企业一次性给其 10% 股权。三方约定股权比例为 70%：20%：10%。后来，股东 A、B 逐渐发现股东 C 不能胜任，继续合作不利于企业的发展。这里，某餐饮企业在股权设计时就犯了一个认知错误。这 10% 的股份，不应该在一开始就分给这位合伙人，而是在约定的期限内，分次达到约定盈利目标后才能陆续行权，直至最后得到全部 10% 的股权。

这就是"先挣后给"，让贡献和股权公平对应，让餐饮企业在动态中健康发展。

（三）以增为减

餐饮企业成长阶段，新股东的加入会给组织带来新鲜血液，带来新的能量和资源。在新股东入局的过程中，很多餐饮企业选择了同比例稀释已有股东的股权，这样的做法不仅会损害创始股东的控制权，而且还对已有股东的利益产生损害。而实施股权的以增为减，则是破解这一难题的方法。

比如，某餐饮企业估值 100 万元，三位股东按"7∶2∶1"分配，也就是 A 股东 70 万元，B 股东 20 万元，C 股东 10 万元。现因企业发展要引入一位新股东，新股东要与 B 股东股份相同。这时的做法不是将三位股东已有的股份减少，而是根据需要增发若干"期权"股，定向授予新来的股东。

大多数企业需要在设计股权架构时设立一定的"期权池"，该期权池比例约为企业总分配股权的 10%～20%。这种"以增为减"的期权池为企业发展过程中的股权分配，提供了很大的灵活性。甚至可以用企业的期权池调节创始人之间的股权比例。

五、餐饮企业股权设计程序

现实中一些餐饮企业虽然完成了股权设计，但由于缺失必要程序，所以没有取得预想的效果。对于首次进行股权设计的餐饮企业来说，要从最基础的内容逐步进行，这样才能提升股权架构的适配度，让股权架构更好地发挥作用。

（一）股权设计目标

一是从控股股东角度设置股权架构。首先，控股股东对企业控制权的掌握能力决定企业的战略能否完全实现，企业在进行股权设计时需要将控股股东这一目标实现。其次，在细分股权时要考虑谁带给企业的资源多，谁能让企业的阶段性目标尽快实现，谁就能多得股权。

二是从企业内部角度设置股权架构。首先要明确符合什么条件的人能进入股权分配，最好的状态是企业股东能为企业发展实现资源互补。其次是需要设置成熟股权机制，让股东通过某种努力来获得相应的股权。

三是从餐饮投资者角度设置股权架构。投资者愿意投资企业，除了看好餐饮企业发展前景以及控制人的能力，他们最关注的是企业的股权结构以及由此可调动的各方积极性。投资人希望企业的股权架构是核心人物有绝对或相对控制权、有预留股权调整空间且有明显梯度的股权架构。

（二）确定股权架构的类型

餐饮企业选取何种股权架构类型，要服从企业的战略目标和股权设计目标，一般来说，餐饮企业常见的股权架构类型有简单股权架构、AB 股权架构、控股公司股权架构、混合股权架构等，具体将在本章第七节详细讲述。

（三）动态调整

企业的股权架构必须是可以调整的、动态的，这样的股权设计才能为企业的长远发展提供助力，一成不变的股权架构会束缚企业的长远发展。常见的动态调整股权架构方法是预留期权池，其目的是对企业的内外部资源进行激励，提高他们的工作积极性。当企业的利益相关者获得股权激励时，其个人利益与企业利益便联结到了一起，这样各方资源才能真正与企业一起成长、一起发展。

（四）进入和退出机制

企业的股权进入和退出机制不明确，最容易让企业股东产生股权纠纷，尤其是人员流动性较大的餐饮企业。因此，餐饮企业提前设定好股权的进入退出机制，约定好在什么阶段、符合什么条件时股东可以进入、退出。当股东进入、退出企业时，其所持的股权也应该按照一定的形式进入或退出。这样，一方面对于继续在企业里做事的其他股东起到正面导向作用，另一方面也便于企业的持续稳定发展。

（五）股权设计的五个核心比例

股权设计不仅能解决股权分配问题，而且能将企业生存发展所需的各种资源有效利用起来，如团队、技术、资本等，最终实现企业和投资者双赢的目标。需要注意的是，餐饮企业在设计股权架构的过程中，要全面考虑企业内部股东、外部资源及融资后的股权比例，牢牢掌握企业的控制权既是股权设计的出发点，也是股东关注自身相关权益的重点。股权设计中的 5 个核心股权比例如表 2-3 所示。

表 2-3　　　　　　　　　　股权设计中的 5 个核心股权比例

股权比例	股东权利
67%	当股权达到 67%（超 2/3）时，代表对公司有绝对控制权，有权修改公司章程，有权变更主营业务，拥有重大决策权
51%	当股权达到 51%（超 1/2）时，代表对公司有相对控制权，有权决策公司的一般事项，有权聘请/解聘公司的总经理、独立董事、会计师事务所，有权选举董事
34%	当股权达到 34%（超 1/3）时，代表有一票否决权，也可以理解为对公司有安全控制权，有权否决公司的重大决策。安全控制权是与绝对控制权相对应的一种权益
10%	当股权达到 10% 时，有权召开临时股东会议，有权对公司管理提出质询和进行调查。如果公司经营不善，继续经营可能会使股东产生重大损失的，股东有权提起诉讼，要求解散公司，发起清算
1%	①当有限责任公司的董事、监事或高级管理人员有违规行为出现时，拥有超过 1% 股权的股东可以行使代位诉讼权。 ②单独或者合计持有公司 1% 以上股份的股东，可以在股东大会召开 10 日前提出临时提案并书面提交董事会

1. 有限公司

如果餐饮企业的类型是有限责任公司，需由 1 个以上 50 个以下股东出资设立。有限责任公司的股东以其所认缴的出资额为限对公司承担责任。公司以其全部财产对公司的债务承担责任。其优点是设立程序比较简单，内部机构设置灵活。《公司法》赋予股东通过公司章程设计治理规则的空间很大。股东对外转让股权有一定的限制。

（1）完美控制线（67%）。

代表 2/3 以上表决权的股东，拥有以下权利：修改公司章程、增加或者减少注册资本的决议，以及公司分立、合并、解散或者变更公司形式的决议。

这里需要提示的是：第一，股份有限公司须经出席股东会会议的股东所持表决权的 2/3 以上通过。第二，《公司法》规定了股东会会议由股东按照出资比例行使表决权；但是，公司章程另有规定的除外。如股东会限制或否定了 2/3 以上的股东相应的表决权，则可依照公司章程行使相关权利。

（2）相对控制线（51%）。

51% 的持股比例为相对控制权，也称作绝对控股线。即拥有公司 51% 的持股股东，对公司的诸如一般经营决策、聘请独立董事、选举董事和董事长、聘请审计机构、聘请会计师事务所、聘请/解聘总经理等事项有决定权。除非公司章程另有约定，有 7 个事项是相对控制权股东无法独立决策的，分别为修改公司章程、增加注册资本、减少注册资本、公司合并、公司分立、公司解散、变更公司形式。

◯ 法条链接

《公司法》第二百六十五条规定：控股股东，是指其出资额占有限责任公司资本总额超过 50% 或者其持有的股份占股份有限公司股本总额超过 50% 的股东；出资额或者持有股份的比例虽然低于 50%，但依其出资额或者持有的股份所享有的表决权已足以对股东会的决议产生重大影响的股东。

（3）安全控制线（34%）。

34% 的持股比例为安全控制权。这是与绝对控制权 67% 相对应的，股东一旦持有超过 1/3 的股权，就拥有了对公司 7 项决策的一票否决权，分别为：修改公司章程、增加注册资本、减少注册资本、公司合并、公司分立、公司解散、变更公司形式。同理，如果你作为小股东想影响企业决策的话，那么争取这个比例的持股，才会对大股东做出限制，在一定程度上可以防止大股东滥用股东权利的风险发生。①

2. 非上市股份公司

如果餐饮企业的类型是非上市股份公司，那么它具有股份公司"资合"的特点，其股权流通性低于上市公司。以下股权比例是非上市股份公司股东

---

① 需要注意的是，一票否决权否决的事项是与绝对控制权对应的事项，对于达到过半数股权的相对控制权能够决策的事项，一票否决权无法否决。

所享有的相关权利。

（1）召开临时会议、申请解散公司线（10%）。

在股份公司中，股东大会是公司的权力机构，股东通过它来行使自己的权力。法律赋予股东召开临时股东大会的权利，即临时会议权，股东可以提议召开股东会的临时会议，有提出质询、调查、起诉、清算、解散公司的权利。

○ | **法条链接**

《公司法》第二百三十一条规定，针对公司僵局赋予股东可以请求强制解散公司的权利：公司经营管理发生严重困难，继续存续会使股东利益受到重大损失，通过其他途径不能解决的，持有公司 10% 以上表决权的股东，可以请求人民法院解散公司。即在公司僵局①的情况下 10% 以上表决权股东的诉讼解散权。

（2）股东提案资格线（1%）。

单独或者合计持有公司 1% 以上股份的股东，可以在股东会会议召开 10 日前提出临时提案并书面提交给董事会。董事会应当在收到提案后 2 日内通知其他股东，并将该临时提案提交给股东会审议。临时提案的内容应当属于股东会职权范围，并有明确议题和具体决议事项。这里需要注意的是，本条所指的股东 1% 提案资格线仅适用于股份有限公司。因为餐饮企业（主要是有限责任公司）的人合性、封闭性特点，其提案程序相对比较简单。

（3）股东代表诉讼线（1%）。

股东代表诉讼权又称派生诉讼权，或称可以间接的调查和起诉权（提起监事会或董事会调查）。《公司法》第一百八十九条规定：董事、高级管理人员有前条规定的情形的，有限责任公司的股东、股份有限公司连续 180 日以上单独或者合计持有公司 1% 以上股份的股东，可以书面请求监事会向人民法院提起诉讼；监事有前条规定的情形的，前述股东可以书面请求董事会向人民法院提起诉讼。

---

① "公司僵局"，是指公司股东、董事之间矛盾激化，公司运行陷入僵局，导致股东会、董事会等公司机关不能按照法定程序作出决策，从而使公司陷入无法正常运转甚至瘫痪的状况。

六、餐饮企业股权设计的四个阶段

根据企业的不同发展阶段进行股权设计和搭建架构，不论哪个发展阶段，股权布局都"为时不晚"。

（一）企业初创期

企业要想长久、稳健地发展，创业者有明确目标是非常重要的。企业进行股权分配的设计，从根本上讲是要让利益各方从心里感觉到公平合理，赢得其他创业者的理解和支持。

餐饮企业进行股权架构的最好时机就是其发展初期，如果一家餐饮企业的创业者在企业发展初期和巅峰时，能把股权分配和激励到各层级员工，而不是把赚来的钱都用在外部关系、自我享乐上，那么这种企业的发展后劲是可以期待的。反之，在快速成长期没能给予合作伙伴充分"红利"，那么在企业走向衰落时，又怎能期待大家掏钱入股，和一家前途不明的企业共渡难关呢？

一般来说，餐饮企业初创期有四类核心成员：企业创始人、创始合伙人、核心成员与外部投资人，如图2-3所示。一个科学合理的股权架构需要满足这四类人的诉求。

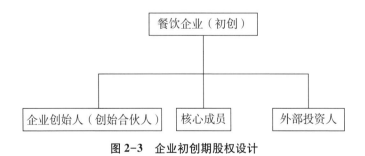

图2-3 企业初创期股权设计

创始人在餐饮企业创业之初、前期发展的过程中扮演的角色极为重要。

作为企业的核心股东，需要对企业内外部资源统筹负责。因此，创始人对企业的绝对掌控（一般认为，创始大股东股权份额最好在 2/3 以上）是务实的而且也是必须的。但应当警惕的是，创始人为了创业企业渡过某一难关，尤其是资金紧缺时，往往会出让手中很多股权。

创业合伙人作为企业所有者之一，希望在企业有一定参与权及话语权。企业初创期是最需要明确股权，同时也是股权设计最容易出问题的时候，很多企业的创始人和合伙人对股权缺乏认知，容易草率地分配股权。这样会形成很大隐患，等到后续出现问题来调整时，往往要付出巨大的代价。因此，在企业初创期就搭建一个良好的股权架构，对企业后期发展影响重大。许多创业企业的合伙人之所以变动频繁，纠纷不断，和股权设计、缺少退出机制不无关系。

餐饮企业核心成员包括厨师、核心技术人才及其他管理者，他们对企业发展起着至关重要的作用，为了留住核心人才，要用股权激发他们的积极性。因为创始人的能力再强，也不可能面面俱到，企业发展需要各式各样的关键人才，要吸引、留住这些人才，就要把这些人才的利益与企业利益进行绑定。企业给核心员工的股权比例可以控制在 20%~30%。企业的规模越大，业务越多，人才能力对绩效的影响越大，越需要扩大核心员工的股权比例。

外部投资人是餐饮企业初创期绕不开的一道坎。企业的发展需要资金支持，企业获取资金的方式主要有股权融资和债权融资。而市场上有很多的投资机构和投资人，他们手握大量资金，到处寻找优质项目投资，期望通过入股获得企业一定的所有权（股权），以期在未来获取更高的价值收益。投资人追求的是高回报，常常会要求优先清算权以确保自身利益。企业用来做股权融资的股份比例应该设置为多少呢？经验数据是不超过 20%。

○｜知识链接

优先清算权，是指流动性事件发生时，投资者在其他股东包括大多数员工之前，首先享有拿回其投资金额的权利。优先清算权是风险投资协议中一个非常重要的条款，决定企业在清算后怎么分配蛋糕，即资金如何优先分配给持有企业特定股份的股东，然后再分配给其他股东。企业要想运用股权融资换取发展需要的资金，首先要有足够高的估值，其次要有足够多的股权。企业的估值越高，运用股权融资能够融得的资金额就越高。

资金在餐饮企业创业阶段固然重要，但股权更弥足珍贵，资金在企业发展过程中是可再生的，而股权不能；每一元现金的价值在企业发展过程中几乎是不会增加的，但每一股的价值却可能会翻几倍、几十倍甚至几百倍。因此，股权设置与分配的第一个核心原则就是，能用"钱"解决的问题不要用"股权"来解决。另外，企业在创业初期引进关键人才的时候可能需要实股，但是一般人员最好不要直接给实股，可以视具体情况给些虚拟股。

对于创始股东之间如何划分股权是个"仁者见仁、智者见智"的问题，创业最终成功的餐饮企业，在股权上往往是"一股独大"，这样能够提高决策与行动效率。因合伙人团队分崩离析导致创业失败的案例中，企业股权在合伙人团队中进行平均或相近分配的情况，屡见不鲜。

需要注意的是，控股股东掌握绝对控制权虽然有利于企业快速决策，但类似家长式的管理模式可能使企业治理结构失衡，董事会、监事会和股东会形同虚设，企业的经营管理都由一个人说了算，缺乏制衡机制，从而导致决策失误，资金运用不透明，增加企业的经营风险，因此在进行股权设计时也应考虑相应的制衡机制。

（二）成长期

1. 释放股权

餐饮企业进入成长期，内部治理结构稳定下来，各项事业稳步前进，但这一阶段企业会面临很多的外部挑战。一方面，市场在快速变化，企业内部时隐时现的企业病的出现，会制约企业的整体发展。另一方面，餐饮企业对资金的需求会显著提高，企业需要快速扩张占领市场，可能会需要引进一些外部投资者。

这一阶段，创始股东就会面临越来越多的外部人才和资源进入企业的情况，这时需要考虑的是企业如何估值、投资者或融资方如何进入、如何在企业发展的同时不丢失控制权等问题。这些问题也是成长期企业在设计股权架构时需要考虑的主要问题。

2. 股权融资

股权融资规划的实质是对企业未来发展的预期。在企业经营发展的状态下，企业的估值将会越来越高，相同比例的股权在未来运用股权融资能够融到的资金往往更多。

　　餐饮企业在成长阶段准备开始运用股权融资时，需要根据企业的现实情况和发展规划计算可能的股权融资轮次。根据企业的发展规律，用来做股权融资的股权比例，一般应控制在 20% 以内。如果这部分的股权比例较多，必然会挤占其他股权的数量。规划的轮次一般在 2 轮或 2 轮以上且在开始的轮次用较低的股权比例。这样做可以给企业后续的发展和融资留有余地。

　　对于企业来说，在估值较低的时候，大举运用股权融资往往是不经济的。股权是稀缺资源，在企业估值较低的时候应尽量采取其他融资方式，珍惜股权。

案例8：餐饮企业股权融资的考量

　　假设某餐饮企业当前市值 100 万元，这代表每 1% 的股权能够融资 1 万元。经过企业初创团队的努力，该企业发展两年后估值达到 1000 万元，这表示每 1% 的股权能够融资 10 万元。该企业继续发展壮大，3 年后估值达到 1 亿元，这代表此时每 1% 的股权能够融资 100 万元。相同比例的股权，企业估值的翻倍带来融资金额的翻倍。

　　餐饮企业在成长期需要进行外部融资，需要了解外部投资人的相关情况，多数外部投资人会以"天使投资人"身份出现，这时企业创始股东要深入了解他们的以往业绩、市场信用，参考成功失败案例。最重要的是清晰地知道投资人的目的，防止投资人借融资名义稀释股权，达到控制企业的目的。

　　外部投资人在进行投资时会与创始股东签订投资意向书，在确定好企业估值后，双方就要对投资过程中的交易结构进行设计，这便会涉及企业股权架构的问题（如图 2-4 所示）。

　　从实践中看，餐饮企业成长期阶段出现的股权设计主要是考虑外部投资人的地位、股权期权池的设立，以及可能出现的对赌协议等。在创始股东与外部投资人签订投资意向书后就会进入协议谈判，创始股东应该认真了解投资协议的内容，对条款中的权利义务要仔细斟酌，并对这些投资条款进行评估，特别需要仔细研究优先清算权的触发条件，在判断优先清算权条款时，需要判断优先清算权条款的类型、优先清算倍数、投资者在启动该条款时是否有参与分配权、是否有分配权上限等，根据这些评估结果，看其是否会影

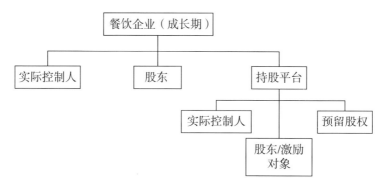

图 2-4　餐饮企业成长期股权设计示例

响到企业现有的股权结构，是否会对企业创始股东的控制权产生影响。

3. 控股股东不失控制权

控股股东在此阶段通常是进行"两权分离"，一种是企业的所有权和经营权要分离，创始人大股东确保对企业的控制权就可（一般认为创始大股东要实现相对控股，最好拥有超过 1/2 的股份）。另一种是实现新老业务的分离带来的股权相对分离。即新的业务放在新公司，母公司的股东可以知道子公司的所有情况，但是子公司的股东只能知道子公司的情况，这在一定程度上就在新老公司之间形成了一道防火墙。

在企业成长期释放的股权比例一般控制在 10%～15%，经过对外释放股权，创始大股东最好拥有企业 1/3 以上的股份，这意味着创始人拥有企业重大事件的否决权，以保证企业的稳定和安全。

创始股东要紧抓控制权这根主线。不可否认的是投资人增资入股会同比减少原股东的股权比例，即融资导致的股权稀释。例如，外部投资者融资 100万元，出让某餐饮企业 10% 股权，则原股东的股权都要等比稀释到原来的90%。假设企业有 3 位创始股东，他们的股权分别是 30%、30%、40%，融资后就变成了 27%、27%、36%，剩余的 10% 为投资人股权。当然，融资过程中的股权比例需考虑其他因素，股权稀释情况需依据企业的具体情况，由新股东与原股东双方协商确定。

（三）成熟期

随着餐饮企业进入成熟阶段，这个时期企业已经形成了相对稳定的规模和拥有较大市场影响力，面临着二次创业的机会模式选择。在此阶段，企业的风险偏好开始由激进冒险转向追求安全。此时管理层需要考虑的是如何利用现有资源衍生新业务，扩展自身的业务边界。这个阶段的股权激励重心应侧重于企业管理层、关键技术人员以及新的外部资源的进入。另外，这个时期企业机构相对庞杂、臃肿，容易出现官僚主义，这就需要充分释放新的股权，对内调动各层级员工的积极性，对外引进新的支持力量，充分发挥团队的活力（如图 2-5 所示）。

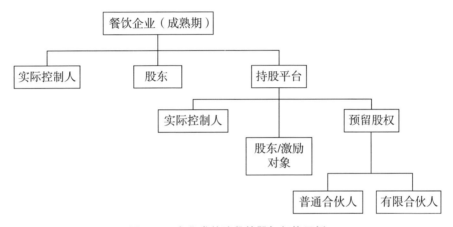

图 2-5　企业成熟阶段的股权架构示例

案例 9：肯德基的启示

世界著名的快餐连锁企业肯德基是炸鸡快餐行业的龙头，该企业在主营汉堡炸鸡产品的同时，逐步利用已有的销售渠道和资源进行品牌、商品的延展，渗透到下游领域。这些由企业成熟期资源培育出的新业务、新商品，既与老业务板块有千丝万缕的联系，又需要与此相适应创新机制，而与创新相伴相生的是企业股权设计的调整。

对于餐饮企业新的业务，有多种股权架构的选择，常见的有 4 种模式：

第一种体内控股，即由餐饮企业为投资主体，设立控股子公司，用控股子公司来运营新业务（如图 2-6 所示）；

第二种体内参股，即由实际控制人在体外控股，餐饮企业参股的模式（如图 2-7 所示）；

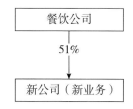

图 2-6 体内控股模式

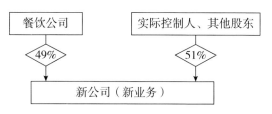

图 2-7 体内参股模式

第三种完全体外，即由餐饮企业实际控制人作为投资主体，新业务公司作为全资或控股子公司（如图 2-8 所示）；

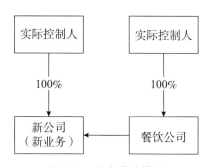

图 2-8 完全体外模式

第四种是剥离控制，即由实际控制的非上市板块剥离出新业务，新业务由实际控制人投资成立新公司运营。

餐饮企业在这一阶段会产生融资、收购等资本运作需求，但在资本参与企业经营的过程中，就会出现诸如股权融资、股权质押、增发新股等问题。如果企业进行多次的资本运作，则可能会使股权架构的稳定性面临一定的考验。在应对这一考验时，创始人团队一方面需要检视企业当前阶段的股权设计是否合理；另一方面则是千方百计地在资本运作过程中保护自己的控制权，比如通过修改企业章程，以签订协议方式保留表决权，而只出让分红权。

（四）衰退期

餐饮企业进入衰落期，组织内企业病层出不穷，从领导到基层员工的工作状态松散，企业原有技术和产品处于停滞、衰退状况，基于原有业务体系的股权激励，难以再对企业的发展起到正面促进作用。在此阶段，企业的目标是寻找新的突破方向，谋求开辟新领域和进入新一轮的企业生命周期。因此，对未来判断的决策以及新技术、新产品的研发对企业来说都十分重要。此时如果做股权激励，其重点应放在企业经营管理层和新项目的研发人员上，尤其是放在直接关系到企业再造的关键人员上。

从实践中来看，衰退期的企业员工对企业现状的不满和对未来的信心不足，此时做股权设计效果不一定好。但是，如果企业成立新的事业部或者项目，在此基础上重新进行股权激励将会有更好的效果。

餐饮企业实施股权设计和激励，不要等到企业进入衰退期才做，而应该选择在快速发展、事业蒸蒸日上时做，这样等企业遇到瓶颈或处于低谷时，前期的股权激励才能发挥作用，才有人愿意和企业共渡难关。

七、餐饮企业股权架构类型

股权架构决定了企业组织结构，股权架构设计是企业的顶层设计，科学合理的股权架构设计不仅可以确保创始人对企业的控制权，也有助于维护企业的稳定和发展。在进行股权架构设计时，首先要了解股权架构的类型问题。

（一）股权架构类型的划分

股权设计按照不同的标准，可以划分为不同的类型。

（1）从权利义务与股份的绑定程度看，餐饮企业股权架构的类型主要有一元股权结构和二元股权结构。

所谓一元股权结构是指股权比例、表决权（投票权）和分红权均一体化的股权结构，股东的权利完全根据股权比例来确定，即股东权利义务与股权深度绑定。其重点是尽可能避免企业出现僵局。

所谓二元股权结构是指将股东权利进行分离设计，使股权在股权比例、表决权（投票权）和分红权之间作出不等比例安排。

（2）从股权的集中度来看，又可分为 3 种股权架构：绝对控股的股权架构、相对控股的股权架构和不控股的股权架构。

餐饮企业在进行公司治理、股权架构、股权激励时要考虑企业所处阶段、规模、行业等具体情况来选择合适的架构方式。

需要明确的是，股权架构没有固定套路，常见的架构模式有：简单股权架构、AB 股架构、控股公司架构、混合股权架构。

（二）简单股权架构

简单股权架构是以单一维度进行股权分配的架构（如图 2-9 所示），这种架构是直接按照股东的出资额决定股权、投票权和分红权。每位股东之间的权利都是由各自所占的股权比例决定的。

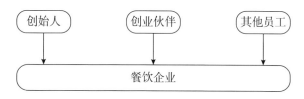

图 2-9　简单股权架构

在简单股权架构中，股权比例、投票权和分红权是一体化的，股东占有的股权比例越多，投票权、分红权也就越多。控制企业多数股权的股东在企业创始阶段会有很大的控制权。但随着企业的发展，未来考虑到融资或者上市，大股东的股权会被稀释，其对企业的控制权也会逐渐减弱。

（三）AB 股架构

AB 股架构是指在股权比例、表决权（投票权）、分红权之间作出不等比例的安排，将股东权利进行分离设计。这种股权架构主要用来确保企业创始人和大股东能够掌握企业的控制权。实际操作中，企业创始人在用 AB 股架构前，一定要考虑好赋予两类股权多少投票权合适，同时还要考虑清楚通过怎样的方式将这两类股权授予股东。

知识链接

2007 年 6 月 1 日施行的《中华人民共和国合伙企业法》首次以法律形式承认了有限合伙企业的合法地位（如图 2-10、图 2-11 所示），弥补了我国商事主体制度中有限合伙法律层次立法缺位这一重大漏洞，有很大的进步意义。有限合伙企业包括"普通合伙人"（简称"GP"）和"有限合伙人"（简称"LP"）。普通合伙人对合伙企业债务承担无限连带责任，有限合伙人以其认缴的出资额为限对合伙企业债务承担有限责任。在有限合伙企业中，股东不直接持股拟设立的核心公司。自 2018 年 4 月 30 日起，港交所开始允许双重股权结构公司上市。

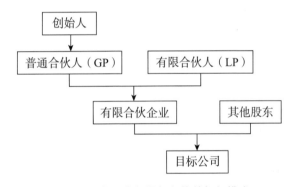

图 2-10　有限合伙股权架构的初级模式

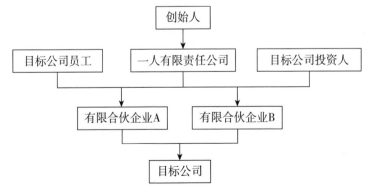

图 2-11　有限合伙股权架构的成熟模式

股权设计适合采用联合创始人机制的企业，对于一些高度依赖资金投入的餐饮企业，投资人在企业的发展过程中扮演着重要作用，甚至成为很多企业的大股东或控股股东。创始人在进行股权架构时应充分考虑未来对此类投资人的需要，并尽可能让投资人通过有限合伙企业间接持股核心公司，创始人自己则作为有限合伙企业的普通合伙人。

（四）控股公司架构

在这种架构模型里，创始人通过控股企业，来达到控制目标企业股权的目的。其适用情形包括：计划长期持股的股东；有多个业务板块的企业集团；已进入成熟期的企业，打算家族传承的股东；作为大股东的家族持股平台；搭建持股公司平台作为业务板块管理企业，会为餐饮企业未来的资本运作提供更大的空间。

（五）混合股权架构

混合股权架构是在综合考虑各利益关联方，根据各利益主体对企业贡献等因素合理分配企业股权，如创始人、合伙人、员工等，根据他们的岗位和贡献度安排股权分配。实现创始人控制企业、团队凝聚力增强、员工得到满意的薪酬，最终使企业达到盈利的目的。

在混合股权架构中，如图 2-12 所示，创始人股东及其家族设立控股公司 A，控股公司 A 与创业伙伴持有控股公司 B，控股公司 B 投资设立控股公司 C，控股公司 C 可能会引入战略投资人，控股公司 C 持有部分核心公司股权；创始人和创业伙伴直接持股部分核心公司股权；高管和员工通过有限合伙企业持有核心公司股权。

当前餐饮企业常见的股权架构设计类型就是以上 4 种，不同类型的企业和处于不同发展时期的企业在设计股权架构时会有所不同。当然，企业的股权架构设计并不是一成不变的，创始人需要在企业发展过程中，及时调整股权架构，不断更新、不断完善。

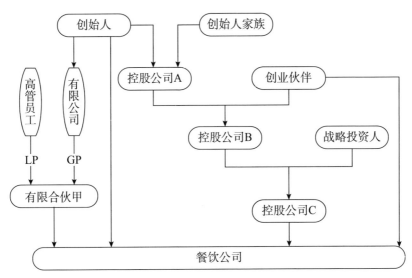

图 2-12　典型的混合股权架构

八、餐饮企业股权设计的考虑因素及关键点

（一）股权分配三因素

餐饮企业进行股权架构时需要考虑各股东的投入要素。有的股东提供资金、场地、技术能力，有的股东提供知识产权、销售渠道、融资资源。股东投入主体是自然人或者法人，但是从资源的投资角度来说，逻辑都是一样的。

一是要确认这个资源股东的定位。二是将其所提供的资源价值量化，并以金钱进行评估。三是按照量化资源来确定股权比例。那么，如何对股东投入的各种要素进行估值呢？

首先，从企业经营规划看，这项资源对企业的帮助是什么？其次，如果对方的这项资源可以帮助企业实现预定目标，是否应当给予其相应股权？最后，如何确定该项资源分配股份比例？股权分配中常见的 6 种出资类型及参考估值如表 2-4 所示。

表 2-4　　　　　　　股权分配中常见的 6 种出资类型及参考估值

序号	可用资源	资源价值	折合现金价值	兑现价值
1	人员是否全职	是	5 万元	5 万元
2	出资金额	最大	10 万元	5 万元
3	实物资产	办公室、各种软硬设备等	100 万元	50 万元
4	专业技术	专业技术预计产生的经济价值或其他价值	100 万元	60 万元
5	人脉资源（销售、融资）	可以建立哪些渠道、可产生多大价值	100 万元	30 万元
6	其他	—	—	—
7	合计	—	—	150 万元

（二）股权设计的关键点

餐饮企业应结合当前所处阶段与企业战略，科学合理地确定股权的划分。需要特别注意的是，企业所有者在股权设计过程中，有 5 个关键点要贯穿始终，它们分别是：

（1）按照贡献值进行股权架构设计；

（2）掌握企业的控制权；

（3）股权的动态管理；

（4）提前设定股东的退出机制；

（5）在公司章程、股东协议中进行特殊约定。

按照贡献值进行股权架构设计：一是按照可参考的贡献指标，诸如业绩、资源投入、知识产权等进行考量；二是考虑激励对象未来的潜在价值，给股权调整留下缓冲的余地。

（三）创始人贡献值的比重

创始人在餐饮企业发展早期具有非常重要的地位，某种程度上说，没有创始人就不会有企业的产生。在进行股权设计时要从创始人贡献、出资权重、岗位重要性、资源贡献度等方面评估其对企业的贡献值（如图 2-13 所示）。

需要注意的是，如果有多名联合创始人，各发起人之间必须有明显的股权层次。

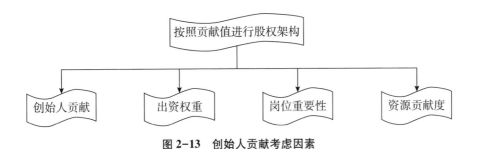

图 2-13 创始人贡献考虑因素

1. 出资贡献的比重

在企业发展的初期，股东的出资是决定股权比例的重要考量（但不是唯一考量）。在具体分配比例上，如果股东的其他资源优势相当，且都是出资入股，那么直接按出资比例分配股权即可；如果股东出资数额不等，在不考虑其他分配因素的情况下，出资多的股东理应拿到更多的股权。

2. 资源贡献的比重

企业存在的目的就是盈利，考虑到有些创始人有特定的商业资源。例如，与其他企业建立上下游合作伙伴关系，或者帮助企业融资、为企业免费提供经营场所等。这部分资源也需要占有一部分股权。

企业按照贡献值进行股权架构设计时，不仅要看到眼前发展的需要，而且要根据企业的规划来分析考虑各个要素所占的权重，寻找到一个各方都满意且有利于企业治理和发展的平衡点，并以此为核心进行股权架构设计。

（四）企业控制权

股权设计的关键点之一就是保障创始人对企业的控制权。为了掌握企业的控制权，很多创始人其实并不想分掉企业的股份。另外，分股权并不等于分掉话语权，阿里巴巴上市后，马云虽仅持有 7.8% 的股份，但 7.8% 的股份也没能阻挡住马云牢牢控制阿里巴巴。股权里包含两种权利：财产权和收益权、话语权。钱与权可以合二为一，也可以分而治之。

如何做到分"钱"而不分"权"呢?"工欲善其事必先利其器",这里就向读者介绍4种控制权工具(如图2-14所示)。

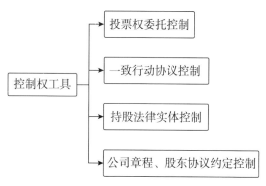

图2-14 股权的4种控制权工具

1. 投票权委托控制

即创始人要求企业小股东签署委托书,将其所持有的投票表决权委托给创始人,并且约定该表决权不可撤销,或者设置一个比较长的授权期限。

2. 一致行动协议控制

一致行动协议是指股东投资者通过协议、其他安排,与其他股东投资者共同扩大其所能够支配的一个企业股份表决权数量的行为或者事实。餐饮企业的"一致行动人"可参考《上市公司收购管理办法》中对投资者的"一致行动人"的认定。

(1)投资者之间有股权控制关系;

(2)投资者受同一主体控制;

(3)投资者的董事、监事或者高级管理人员中的主要成员,同时在另一个投资者担任董事、监事或者高级管理人员;

(4)投资者参股另一投资者,可以对参股公司的重大决策产生重大影响;

(5)银行以外的其他法人、其他组织和自然人为投资者取得相关股份提供融资安排;

(6)投资者之间存在合伙、合作、联营等其他经济利益关系;

(7)持有投资者30%以上股份的自然人,与投资者持有同一上市公司股份;

(8)在投资者任职的董事、监事及高级管理人员,与投资者持有同一上市公司股份；

（9）持有投资者30%以上股份的自然人和在投资者任职的董事、监事及高级管理人员，其父母、配偶、子女及其配偶、配偶的父母、兄弟姐妹及其配偶、配偶的兄弟姐妹及其配偶等亲属，与投资者持有同一上市公司股份；

（10）在上市公司任职的董事、监事、高级管理人员及其前项所述亲属同时持有本公司股份的，或者与其自己或其前项所述亲属直接或者间接控制的企业同时持有本公司股份；

（11）上市公司董事、监事、高级管理人员和员工与其所控制或者委托的法人或者其他组织持有本公司股份；

（12）投资者之间具有其他关联关系。

一致行动人应当合并计算其所持有的股份。投资者计算其所持有的股份，应当包括登记在其名下的股份，也包括登记在其一致行动人名下的股份。投资者认为其与他人不应被视为一致行动人的，可以向中国证监会提供相反证据。

除大股东，其他对企业有影响力的小股东一样可以成为参与一致行动的股东。签署一致行动协议的目的是取得企业的实际控制权，因此，要注意协议签署后按照各股东所持股份比例，决定是否能真正获得控制权。

○ | **知识链接**

一致行动协议（节选）

各方经友好协商，对"一致行动"的事宜进一步明确以下条款：

（1）"一致行动"的目的。

各方将在公司股东会中行使表决权时保持目标一致、行为一致，以达成保障各方在公司中的控制地位的目的。

（2）"一致行动"的内容。

各方在公司股东会会议中保持的"一致行动"指，各方在公司股东会中在行使下列表决权时保持行为一致：

①提案保持一致；

②投票表决决定公司的经营计划和投资方案保持一致；

③投票表决制订公司的年度财务预算方案、决算方案保持一致；

④投票表决制订公司的利润分配方案与弥补亏损方案保持一致；

⑤投票表决制订公司增加或减少注册资本的方案以及发行公司债券的方案保持一致；

⑥投票表决聘任或解聘公司经理，并根据经理的提名，聘任或解聘公司副经理、财务负责人，决定其报酬事项保持一致；

⑦投票表决决定公司内部管理机构的设置保持一致；

⑧投票表决制定公司的基本管理制度保持一致；

⑨假如各方中任意一方无法参加股东大会会议时，须委托另一方参加会议并代为行使投票表决权；若各方均无法参加股东大会会议时，则需共同委托他人参加会议并代为行使投票表决权；

⑩行使在股东大会中的其他职权时保持一致。

（3）"一致行动"的延伸。

①若协议内部各方意见无法统一，各方则依据各方的意向行使表决权；

②协议各方承诺，若某一方将自己所持本公司的全部或者部分股份对外转让，则受让方需要同意继承本协议所协商的义务并与其余各方重新签署本协议，股权转让方能生效；

③如果任何一方违反其做出的以上任意一条承诺，则必须按照其他守约方的要求将其全部的权利与义务转让给其他守约各方中的一方、两方或多方，各守约方也可以一致要求将违约方的全部权利和义务转让给指定的协议外第三方。

3. 持股法律实体控制

这是指由餐饮企业设立一家有限责任公司或者有限合伙企业，将其作为目标企业的持股实体，同时成为该有限责任公司的法定代表人、唯一的董事，或该有限合伙企业唯一的普通合伙人或执行事务合伙人，达到掌控目标企业表决权的目的（如图 2-15 所示）。

案例 10：王先生如何选择？

王先生欲设立持股法律实体以实现对自己旗下的 A 餐饮企业的间接控股。王先生可以选择有限公司作为持股平台，这时他需对有限公司的持股比例达

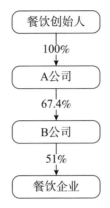

图 2-15　通过架构控制撬动巨型餐饮企业

到 2/3 以上方可完全控制持股法律实体；王先生也可以选择有限合伙企业作为持股平台，则王先生仅需对合伙企业出资 1/100，并通过合伙协议约定的方式控制持股平台。

使用持股法律实体控制的方式，可以兼顾企业和投资方的权益，既能够帮助公司控股股东实现对企业控制权的保护，也能为投资方提供稳定的财富收益。利用这种方法，在很多时候可以做到"以小博大"，即以较少的资金控制庞大的商业帝国。

4. 公司章程、股东协议中进行特殊约定的控制

公司章程是公司最高法律效力文件，公司章程对公司、股东、董事、监事、高管具有约束力，被称为"公司的宪法"。如果通过公司章程约定股权的权利范围，包括人身权和财产权①的权利行使幅度，就可以实现同资不同股、同股不同权的特殊效果。

案例 11：真功夫的公司章程

真功夫的公司章程规定，真功夫董事会由五名董事组成，五方股东各委派一名董事；董事长由蔡达标任命，法定代表人由董事长担任；公司章程的修改由全体董事按规定程序召开的董事会会议上一致投赞成票方可通过。"股东委派董事""董事长由蔡达标任命"，这两项规定意味着公司章程确定了无

---

① 股权包括人身权（如表决权）和财产权（如分红权和增资优先购买权等）。

论蔡达标的股权多少，他是企业实际控制人。可见，如果其他股东想废除这一规定，必须修改公司章程。但是，"公司章程的修正由全体董事在按规定程序召开的董事会会议上一致投赞成票方可通过"。也就是说，只要蔡达标不同意修改，他永远实际控制真功夫。

餐饮企业控制权争夺战中，有的是管理层与融资方的较量，有的是大股东与小股东的较量，有的是创始人之间的较量，可谓精彩纷呈，跌宕起伏，每次较量都是一个经典的商业案例。如果说企业控制权争夺战的缘起是权力政治的较量和经济利益的围攻角逐，那么公司章程则是这场战役决胜的关键武器。

以餐饮企业的有限公司为例，股东若想掌控企业的控制权，可以从以下方面入手：

（1）可以在章程中约定"分红比例与出资比例不一致""不按出资比例优先认缴出资"。

《公司法》第二百二十七条规定：有限责任公司新增注册资本时，股东在同等条件下有权优先按照实缴的出资比例认缴出资。但是，全体股东约定不按照出资比例优先认缴出资的除外。

（2）可以在章程中约定"表决权可与出资比例不一致"。《公司法》第六十五条规定：股东会会议由股东按照出资比例行使表决权；但是，公司章程另有规定的除外。

（3）可以在章程中约定"股权转让时须经其他股东的同意"及"限制股权转让时其他股东的优先认购权"。

《公司法》第八十四条规定：有限责任公司的股东之间可以相互转让其全部或者部分股权。股东向股东以外的人转让股权的，应当将股权转让的数量、价格、支付方式和期限等事项书面通知其他股东，其他股东在同等条件下有优先购买权。股东自接到书面通知之日起30日未答复的，视为放弃优先购买权。两个以上股东主张行使优先购买权的，协商确定购买比例；协商不成的，按照转让时各自的出资比例行使优先购买权。公司章程对股权转让另有规定的，从其规定。

（4）其他诸如"股东会职权""排除股东资格的继承""召开股东会的时间和通知期限""股东的议事方式和表决程序"等，这些内容都可以通过公司章程在不违反法律法规的前提下另行约定。

另外，股东协议比公司章程自由度更高，股东可以通过股东协议另行约定诸如"股权回购条款、合伙人退出条款，以及发生特定情形如何处置等问题"。

案例12："老乡鸡"的股权架构

"老乡鸡"是餐饮领军品牌，2018年1月与"加华伟业"合作，融资2亿元，2018年7月成功收购武汉永和豆浆后，全国直营店达到800多家。

新冠疫情期间，"老乡鸡"的董事长束从轩发布了一个视频。在视频中他坦称，由于疫情的影响，保守估计"老乡鸡"至少有5亿元的损失，但他却亲手撕毁员工自愿放弃疫情期间工资的请愿信，引来一片点赞。镜头里的束从轩在困难面前镇定自若、谈笑风生、风趣幽默，同时也体现出为国家分忧、为社会解难、为员工打气、勇于承担责任、充满大爱的企业家精神。

"老乡鸡"的股权架构如图2-16所示，束从轩并不是该公司登记的股东，那束从轩是如何控制公司的呢？

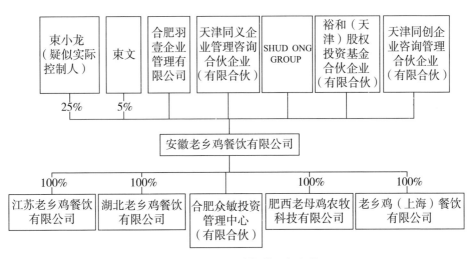

图2-16 "老乡鸡"的股权架构

（1）接班人的股权安排。

束从轩的儿子——"80后"的束小龙是公司的总经理。2012年，他从美国回到国内进入"老乡鸡"后,被束从轩"下放"到养鸡场,从店长一步一步做到督导、区域经理,再到董事。在此期间,束小龙改造了厨房设备,大大提高了餐厅营运效率,2013 年 10 月"老乡鸡"十周年庆典上荣获"老乡鸡最佳创新奖",2019 年还获得安徽省第六届"非公有制经济人士优秀中国特色社会主义事业建设者"称号。

束小龙如何控制公司?一方面,他本人直接持有"老乡鸡"25%的股权;另一方面,通过持有合肥羽壹企业管理有限公司72%左右的股权(如图 2-17 所示),间接持有"老乡鸡"52%左右的股权,在股权比例上实现对公司的绝对控制。

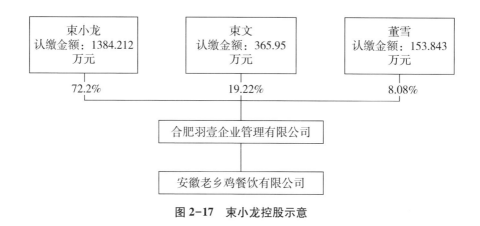

图 2-17　束小龙控股示意

束从轩安排其女儿束文持有公司 5%的股权和合肥羽壹企业管理有限公司 19.22%的股权,从而既保证了束小龙对"老乡鸡"的控制权,又保证了束文的收益权,避免了家族权力之争。通过上述股权设计,束从轩已经在法律上及实际经营中做好了二代接班的安排。

(2)通过控制持股平台确保控制权。

"老乡鸡"的发展同样离不开融资的需求,为了既能融到资金,又不让外部投资人对公司控制权产生影响,"老乡鸡"设立了持股平台——裕和(天津)股权投资基金合伙企业(有限合伙),将所有投资人都纳入该平台(如图 2-18 所示)。

这样的股权设计,使投资人在"老乡鸡"有分红权但没有经营决策权,确保了束小龙对公司的控制权。

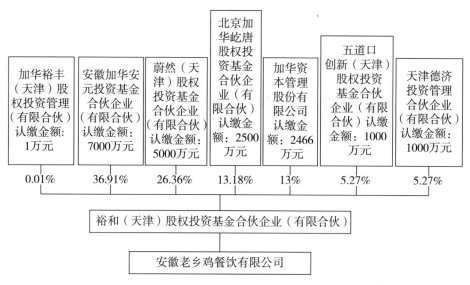

图2-18 "老乡鸡"持股平台设计

（3）员工持股的安排。

随着进一步股权改革，公司已考虑到未来给员工分股。从"老乡鸡"的股权架构来看，员工的股权应该会放在这两家预先成立的持股平台中（如图2-19、图2-20所示），即天津同创企业管理咨询合伙企业（有限合伙）、天津同义企业管理咨询合伙企业（有限合伙），从而避免束小龙所持公司的股权被稀释，控制权得到保障。

（4）束从轩将"老乡鸡"引入资本市场，把"老乡鸡"由家族企业发展成一家公众公司，让公司获得了更大的发展空间。同时，束从轩对公司

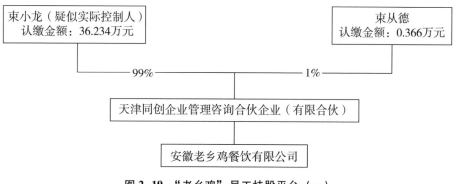

图2-19 "老乡鸡"员工持股平台（一）

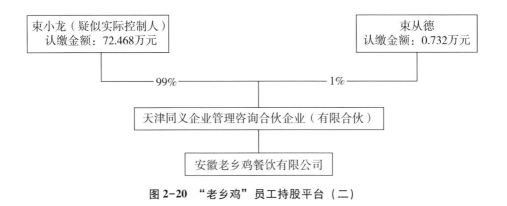

图 2-20 "老乡鸡"员工持股平台（二）

股权的前瞻性布局，保证了融资和给员工分股时控制权不被稀释，防止了子女之间的内耗，为二代接班做好了铺垫。由此可见，束从轩是控制公司的高手。

九、餐饮企业股权架构的动态管理

餐饮企业成立之初，大多是按照创始团队个人预估的价值贡献进行股权分配的，但预估的价值贡献不一定和实际的价值贡献相一致。企业在后期的发展中，当出现团队成员对企业的实际价值贡献与预估的价值贡献不一致时，就需要对其股权比例进行调整，避免出现股权比例固化、利益分配不变的问题，实行动态股权调整的约定是企业保持生机与活力的重要机制。

股权需要不断地动态调整，企业创始人的能力不一定适应企业的发展，激励对象的价值或在慢慢减弱，抑或融资方需要进入或退出企业，所以，动态股权调整的本质是资金股与人力股之间的平衡。

（一）餐饮企业如何进行动态股权架构？

餐饮企业在设计动态股权架构时，首先，要结合企业的经营目标把分配股权的里程碑、关键点、关键步骤罗列出来。其次，分解各个关键环节，制订贡献点、贡献计算标准。由专门的组织来记录及公布贡献值，将贡献值转换为股权，以体现阶段性的成果。最后，动态股权架构要加入回购机制及执行的细节，形成相关机制以便落实。

1. 资金股和人力股

设计股权架构时将股权区分为资金股和人力股，针对两种股的不同特点分别确定股权比例。

假设资金股占全部股权的70%，人力股占30%。初期可以约定出资额大的一方收益较大，后期收回出资成本后再按照人力股价值大小重新进行收益分配。也可以按照出资情况分配了70%的资金股以后，再按照各方贡献度来确定30%的人力股分配。而人力股对企业的贡献是不断变化的，谁对企业的贡献越大，谁获得人力股的比例越高。

案例13：张青和李贵如何分配红利？

张青和李贵约定一起经营餐饮企业，张青是传统菜专业厨师、非遗传承人，负责公司的菜品研发和营养配置，而李贵负责企业启动所需的运营资金，两人是技术和资金的组合。双方出资如表2-5所示。

表2-5 股东股份比例

股东	出资（万元）	股份比例（%）
张青	0	40
李贵	300	60

在如何分配红利上，双方约定如表2-6所示。

（1）出资金额收回前，餐饮企业利润为300万元以内时，双方按照持股比例分红，即张青分40%，李贵分60%。

（2）出资金额收回后，餐饮企业的利润为300万~500万元时，张青分50%，李贵分50%；

（3）餐饮企业的利润为500万~700万元时，张青分60%，李贵分40%；

（4）餐饮企业的利润为700万~900万元时，张青分75%，李贵分25%；

（5）餐饮企业的利润为1000万元以上时，张青分92%，李贵分8%，并不再做动态调整。

表 2-6   出资回收前后股东持股比例

分配状态	净利润（万元）	张青	李贵
回本前	300 以内	40%	60%
回本后	300～500	50%	50%
	500～700	60%	40%
	700～900	75%	25%
	1000 以上	92%	8%

2. 价值变动带来的股权调整

股东贡献价值随着企业的发展而变化，原有股东的贡献程度会出现某种程度的失衡，这就需要企业根据股东的具体情况在合适的时间节点进行股权调整。

衡量股东的贡献需要统筹考虑资源、管理等企业发展要素，然后根据人员分工确定价格，最终以此统计出股权比例。股权模式是动态的，在具体操作过程中，股权分配的比例、时机、价格都可以是变化的。在上述案例中，我们可以看到，对于一家创业企业来说，资金固然重要，但人的作用要远大于钱的作用。企业的股权设计，不仅要对钱定价，更要对人定价。

3. 设置动态股权的重要性

动态股权调整是目前公司股权治理中的重要概念，它指的是根据合伙人在企业运营过程中的投资、意愿、能力、贡献、绩效等指标，结合企业发展战略与现状，科学动态调整合伙人的股权占比。动态股权模式有助于消除两人矛盾，即贡献与回报不平衡的矛盾和股东因对股权分配结果不满意而产生的矛盾。

案例 14：不合理的股权分配

A 餐饮企业，注册资本为 100 万元，由 4 个股东共同投资创立。其中，王海出资 30 万元，占股 30%，不参与企业管理，他的优势是人脉资源丰富，但与餐饮行业关联性不强。张丽出资 25 万元，占股 25%，全职参与企业管理，她的优势是有餐饮行业运营成功的经验。李正出资 20 万元，占股 20%，不参与企业管理，他的优势是企业上下游资源较多。贾霞出资 25 万元，占股 25%，不参与企业管理，她的优势是渠道，决定某些重要合作业务的成败。

在这个案例中，股权分配很明显不公平。张丽全职参与企业管理，但是由于出资较少，她的股权占比并不大。如果公司发展状况良好，那么随着公司的发展，她必然会对股权分配不满。

案例15：新东方各阶段股权架构的选择

新东方创始人俞敏洪曾经在长江商学院分享自己创业之初的经验教训时，指出了股权分配、设置动态调整的重要性，核心内容如下。

新东方最初合伙创业的时候，想法很简单，既然3个人合伙，那就每人33%（约1/3）的股份。股份平分，是为了有钱我们一起赚。1年之后，我就发现这样不行，因为有人干得多，有人干得少。怎么办呢？我们后来运用一套考评机制，来评价合伙人及合伙人之外的员工业绩。

刚开始的时候，我们采取"包产到户"的模式。王强做口语，徐小平做出国咨询，我做考试，根据各自负责的业务分钱。虽然都在新东方的公司下，但我拿我负责业务赚的钱，他拿他负责业务赚的钱。这个阶段还属于比较松散的合伙制，后来由这种松散的合伙制向股份制转变的过程中，出现了不少问题。

新东方最初的股权架构没有考虑发展性，出现新业务之后，不知道该归谁管，不知道该算谁的，不知道该怎么分利益。例如在新的城市开的分公司怎么算？新成立的图书出版公司怎么算？新成立的远程教育公司算谁的？要解决这些问题，必须做好股份制改革。

新东方做股份制改革的时候，每个人为自己应该占多少股份都花了不少力气，最后划定的原始股股东有11个人。原理上，是按照每个人过去在各个业务领域的贡献来划分股权比例，但谁贡献大，谁贡献小，很多时候是说不清楚的，这时就免不了博弈。

可股份制改革之后，也出现了很多问题，主要集中在谁应该负责哪块业务，谁应该担任什么职位上。我是新东方的主要创始人，对于我当总裁，大家没有太大争议。但对于谁担任第一副总裁，谁担任第二副总裁，徐小平和王强之间就很难达成共识。

在确认股份的时候，我被分到了55%的股份。当时我多了个心眼，拿出了10%作为我代持的，为的是激励新东方的后来人。新东方的未来发展需要新的人才，这部分股份就是为后来人留的。

其实新东方在股份改制之前，100%的股份都是我的。分股份的时候，新东方有1亿元的净资产，这些都是我的投入，别人没有投过钱。按理说，分股份的时候，分得股份的人要给我钱。例如有人拿10%的股份，那应该给我1000万元。用净资产来计算原始股的股价很正常，但当时公司的小股东联合抵制这种做法，和我说要么给他们股份，要么他们就离开。

为了留住和激励这些人，我就把股份送出去了。

分完股份之后，还出现了利润分配的矛盾。以前新东方赚的利润，大家可以拿回去，只有我一个人在往里投资。现在成立了股份公司，一是要按股份分红，二是不能把利润全部用来分红，要在公司里留存一部分用来发展。很多人每年赚到的钱比以前少了，这时候大家都表现出强烈的不满，希望每年可以分到更多的利润。但公司要发展，利润一定要有所保留。

之后有人对此表示不满，觉得新东方的股份不值钱。我说如果觉得股份不值钱，可以把它还给我。他们说要还股份可以，但要我出钱买回去。按照原来净资产1亿元计算，如果我要买10%的股份，就要出1000万元。

后来，这些想卖股份的人又反悔了。

公司上市后，为了鼓励新加入的人才，我们设置了股份增发机制。新东方对第二管理梯队的股权激励，几乎都是当初我留下那10%的股份招来的。之后我们又设计了一整套针对未来管理者的期权激励计划，优秀人才每年可以得到新东方的期权。

合伙创业，一开始一定要设置好股权分配比例，而且要考虑公司未来的发展空间，设置好股份增发机制。有了增发机制，那些原来股份多，但是对公司贡献少的人，其持有股份所占的比例会被稀释；那些原来股份少，但每年持续对公司作出贡献的人，其持有股份所占的比例会逐年增加。有了这样一套机制，对公司贡献大的人会逐渐掌握公司的控制权和话语权。

（二）如何计算动态股权架构的贡献点

在计算动态股权架构的贡献点时，需要考虑的重要因素是激励对象持股比例、计提标准、兑现时点、计提时点、回购价格等。

甲、乙、丙合伙办餐饮企业，三方商定分别出资100万元、70万元、20万元，以出资额来确定股权比例。其中，甲作为总经理负责企业的采购和管理，乙从事菜品研发工作，丙从事售后服务工作。

　　在企业发展的过程中，丙因不看好餐饮企业发展前景，决定退出企业，此时餐饮企业一直没实现盈利。丙希望企业用40万元回购自己的股份，但其他二人只同意原价回购。最终因为各方分歧太大数次不欢而散，企业陷入僵局。

　　企业在做动态股权架构时，一定要考虑到合伙人或股东因各种原因的退出问题，否则，当前的股权分配可能就是未来纠纷的地雷。为动态股权架构中贡献点、调整事项及处理办法如表2-7所示。

表2-7　　　　动态股权架构中贡献点、调整事项及处理办法

贡献点	激励对象	贡献点描述	贡献值计算标准	计提时点	股东离职时，股权回购价格	兑现方式	兑现时点
股东的现金投入	股东	现金的投入	投入金额	投入现金时	1~1.3倍或最近一次对外融资估值的30%，取较高者	不可兑现	不适用
全职合伙人未领取的工资	全体执行合伙人	未领取的薪金	合伙人工资水平减实际领取的工资	每月发放工资时	1~1.3倍或最近一次对外融资估值的30%，取较高者	不可兑现	不适用
专利及非专利技术	股东	投入公司需要的技术	该技术可以完成技术转移，可让内部或第三方进行评估	实现技术转移时	1~1.3倍或最近一次对外融资估值的30%，取较高者	不可兑现	不适用
促成销售	股东	促成销售	销售额的一定比例	实现销售且回款时	1~1.3倍或最近一次对外融资估值的30%，取较高者	可全部、部分兑现或积累贡献值	促成销售一定期限内
办公场所	股东	提供自己名下办公场所	市场租金水平	每个月末	1~1.3倍或最近一次对外融资估值的30%，取较高者	不可兑现	不适用

续　表

贡献点	激励对象	贡献点描述	贡献值计算标准	计提时点	股东离职时，股权回购价格	兑现方式	兑现时点
咨询顾问	外部顾问	提供咨询	参考市场价格、双方协商	服务完成后	1～1.3倍或最近一次对外融资估值的30%，取较高者	不可兑现	不适用
为公司担保	股东	私人财产或其信用为公司担保	市场价格	签署担保合同后	1～1.3倍或最近一次对外融资估值的30%，取较高者	不可兑现	不适用
带领团队达到下一个里程碑	CEO	实现阶段目标	现金奖励	达到下一个里程碑后	1～1.3倍或最近一次对外融资估值的30%，取较高者	可全部、部分兑现或积累贡献值	达到里程碑后
融资成功	股东	按每个人的贡献分配	融资额的一定比例	融资到账后	1～1.3倍或最近一次对外融资估值的30%，取较高者	可全部、部分兑现或积累贡献值	融资款到位后
营销	CMO	制定、执行营销政策	销售额的一定比例	达到目标后	1～1.3倍或最近一次对外融资估值的30%，取较高者	不可兑现	不适用
财务管理	CFO	财务预算及规划	净利润的一定比例	达到目标后	1～1.3倍或最近一次对外融资估值的30%，取较高者	不可兑现	不适用

（三）公司章程或股权协议中约定股权调整事项

案例16：某餐饮公司总经理获得10%人力股分期成熟的协议（节选）

甲方：某餐饮公司

乙方：某餐饮公司总经理

第一条 人力股权的成熟

1. 成熟安排

在乙方与甲方维持全职劳动关系的前提下，乙方获得甲方赠送的10%人力股按照以下进度在4年内（简称"成熟期"）分期成熟：

（1）自与甲方签署劳动合同之日起满2年，50%的股权成熟；

（2）自与甲方签署劳动合同之日起满3年，75%的股权成熟；

（3）自与甲方签署劳动合同之日起满4年，100%的股权成熟。

2. 加速成熟

成熟期内，若甲方发生退出事件，则退出事件发生之日起，乙方所有未成熟人力股权均立即成熟，且乙方有权处置其全部或部分人力股权，并获取相应收益。

在本协议中，"退出事件"是指：

（1）甲方控制权变更［指甲方发生任何并购，或与其他实体发生其他交易（包括但不限于重组、股权转让），导致甲方的原有股东的投票权之和低于交易后甲方投票权总和50%的情形］；

（2）甲方实质上出售其全部或大部分资产；

（3）甲方被依法解散。

3. 乙方的权利与义务

（1）在根据本协议第二条的规定被回购前，乙方对其所持有的人力股权（包括未成熟人力股权）享有完整的分红权、表决权及其他相关权利。

（2）无论人力股权是否成熟，乙方均应根据公司章程的规定缴纳出资。

（3）乙方的人力股权如发生被回购事件的，视股权是否成熟而根据本协议第二条的规定适用不同的回购价格。

做到"以奋斗者为本"，就需要不断调整资本所得与劳动所得的关系。

股权激励和"以奋斗者为本"之间有着天然的矛盾，也就是说，法律上的静态股权一定要减少，尽可能用动态股权，可进可退，否则后患无穷。

股权设计的动态管理在于能够及时调整对激励对象的股权激励，同时通过动态调整可以将股权架构、激励与企业文化建设相结合。在这种动态股权设计中，各利益方可以获得股权收益，企业会获得长久稳定的发展。

（四）设置股权池

股权池作为股权架构设计的一部分，提前预留是很有必要的。公司发展的过程中会涉及员工激励、吸收新的合伙人、融资三个问题。一方面股权池在留住人才、完善公司激励机制上具有明显的正面导向作用；另一方面股权池会显著降低被投公司的估值，对自己十分有利，同时也避免了增加股东后再修改股权架构的麻烦。需要提醒的是，预留股权是用于激励未来的优秀员工的，而不是留给投资人的。因为投资人进入一般会选择增资扩股模式，而不是原股东转让股权。

股权池的三个分配标准：

（1）按照业绩分配。设置股权池的作用就是激励先进，即使是后来员工，因为业绩突出，也会拿到相应的股权和收益。

（2）按照工龄分配。工龄是指员工为公司工作或服务的时间。一般来说，在公司工作的时间越长，会对公司的贡献越大，尤其是公司的创始员工，理应分配到更多的股权。

（3）按照职级分配。一般来说，职级越高的人责任越大，所承担的经营风险和岗位风险也就越大，因此这类股东应该分到更多的股权，以起到激励的作用。

目前，大多数公司预留的股权池一般占公司股份的 10%～20%。这是一致做法，也受到了很多管理者的认可。用奇虎公司董事长周鸿祎的话来说，不管你的团队强弱，都不要把股票分完，再强的团队，也要留 15%～20% 的池子，团队弱一些的，你要懂得大方地留下 40% 甚至 50% 的池子才行。这样的好处在于当日后有更强的人进入团队，或是创业团队成员的贡献与股权不一致时，总可以从"大锅饭"里给牛人添点儿，毕竟再从别人口袋里掏钱这事儿太悬。

十、餐饮企业股权设计实操

企业股权设计最好在开始就思考全面，不然可能会给后期带来一定的隐患。处在不同阶段的企业，每个股东都有不同的需求，设计股权架构时既要考虑当前经营的需求，也要考虑企业发展的需求；既要考虑资金方面的需求，也要考虑人才方面的需求。小米的创始人曾经在访谈节目上谈起初创公司的股权分配问题，他表达了如下观点。

"股权分不好，公司未来发展遇到的困难将非常多。我读大学的时候，被别人拉去创业，4个人一起干，每个人的股权比例是25%。创业之初的6个月内，我们选了两次董事长、总经理。有一次有个公司的几个合伙人来见我，我一看这些人的名片，全是CEO，后来了解才知道这家公司也是4个人创业，每个人的股权比例是25%。这时候问题就来了，这家公司，谁负责？谁说了算呢？两个人合伙开公司，常常会用一人一半的股权分配方法，也就是每个人拥有50%的股权。这种分法其实谈不上一定不好，只是从实践角度来看，这种股权分配方法国内做成的公司比较少。

"两个人平分股权的好处是任何利益可以平分，不需要讲贡献，不需要谈制衡；坏处是两个人在原则性问题上出现争执的时候，没有人可以调节。平分股权最大的问题，就是当意见有分歧的时候，不知道该听谁的，所以在创业之初，就要把这个问题考虑清楚。"

3个人或4个人一起创业的时候，如果股权比例都相同，那这个企业基本没戏，就像3个和尚没水喝的故事。多人一起创业，一定要有一个人的股权比例占主导地位，这样才能在创业小组中有领导力和话语权。

下面是不同数量创始股东股权比例分配的范例，初创的餐饮企业创始人进行股权架构设计时可以作为参考。

（一）两三个股东的股权分配

两位创始股东共同出资创立餐饮企业时，较为适合的股权架构是二八开或三七开，即股东甲持股 80%，股东乙持股 20%，或者是股东甲持股 70%，股东乙持股 30%（如图 2-21 所示）。当然，这里所提到的股权比例并不是固定不变的，股东甲持股 69%，股东乙持股 31% 也是可以的。不要采取各 50% 的股权比例设计。

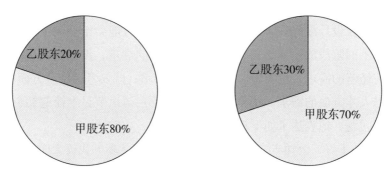

图 2-21　两位股东较优股权分配比例

三个创始人做原始股东时，不要采取各 1/3 的股权比例设计。要保证其中一位作为大股东出现，所占股权比例也要超过 50%，至少要满足大股东所持股权比例大于二股东和三股东所持股权比例之和（如图 2-22 所示）。具体比例可以在前述内容的基础上稍有浮动，但要防止触及那些股权比例的"红线"。

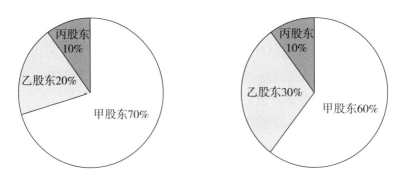

图 2-22　三位股东较优股权分配比例

（二）四个及以上股东的股权分配

四人或是更多人作为股东的企业，进行股权架构时要保证二股东、三股东和四股东持有的股权总额大于大股东，同时保证大股东所持股权份额大于二股东、三股东持有股权之和。

举例来说，四位股东较优股权组合为 49%∶25%∶20%∶6% 或 45%∶25%∶19%∶11%，如图 2-23 所示，要点是确保大股东的股权比例在 34% 以上，拥有一票否决权，防止其他三位股东联合攫取企业绝对控制权，同时大股东与另外三位股东中任意一个组合，便可达到对公司的相对控制权。

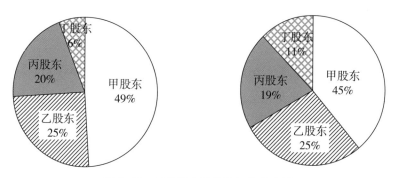

图 2-23 四位股东较优股权分配比例

股权架构分配比例并不是一成不变的，只有基于企业的实际情况和股东的具体情况，才能制定出适合企业发展的股权分配比例。对于初创企业的创始股东来说，用上面这些理论划分的股权比例来优化自身企业的股权架构，是一种不错的选择，但也仅供决策者参考。

（三）初创期股权架构具体操作

餐饮企业在初创期进行股权架构设计时，需要综合考虑创始人及创始团队各自对企业的贡献，然后根据约定的标准划分股份比例，具体步骤参考如下。

最重要的是先确定创始人。创始人是企业核心成员，也是承担风险最高的人，创业之初需要的人力、财力等资源都需要创始人亲力亲为。在确定创始人时要注意其是否为企业的成立贡献了关键力量。确定创始人的股份比例有以下几个环节。

（1）创始人获得的股权相同。在企业有多名创始人的前提下，创始人起初的原始股份占比均设定为同一指标，假设餐饮企业有三个创始人，那么他们的股份比例为 100∶100∶100。企业成立及发展初期，三个创始人约定，在有创始人达到或者满足企业发展需求的要件时，可以提高其股份占比。

（2）核心创始人的创业贡献度（股权增加 10%）。在创始人团队中，核心创始人的贡献地位显然要高过其他创始人，此时，则可以认可核心创始人多得 10% 的股权。假设甲是核心创始人，那么现在的股权结构为 110：100：100。

（3）创始团队中有餐饮企业需要的独特菜品技术、非遗传承人的（股权增加 5%~25%）。如果创始人中有企业发展必需的专业技术和知识产权，比如创始人乙有一项餐饮传承技术可用，那么乙可以得到额外的股权，从 5% 到 25% 不等。

（4）出资多的创始人应该持股更多（股权增加 5%）。出资多的创始人作为对餐饮企业资金贡献大的人理应拥有更多股权。企业发展初期，除了人才的匮乏，对资金的需求也不可忽视，尤其是在资金密集型的餐饮行业这一点尤为突出，所以出资多的创始人股权应该多一点。

（5）全职创业应该增加股份（股权增加 50%~100%）。餐饮企业创始人的全职创业在企业的前期非常重要。一个人不全职投入企业的工作就不能算是创始人。一边做其他工作，一边给创业企业工作的人只能以绩效或者奖金形式给予奖励，而不是占有企业股权。

（6）信誉良好可以提高股权比重（股权增加 50%~500%）。信誉是最重要的资产，如果创始人是第一次创业，而企业的合伙人里有人参与过上市融资并且成功，那么这个合伙人可以提高股权的比重。在某些情况下，创始人会让投资人觉得非常值得投资，正是这些有信誉的合伙人用自己的信誉消除了企业创办阶段的一些麻烦，因此要让他们在这个阶段获得更多的股权。

案例 17：给创始人更多的股份

罗永浩的 AR 创业公司"ThinRedLine"，2022 年 10 月完成近 4 亿元天使轮融资。据 36 氪了解，当时 ThinRedLine 的估值范围为 10 亿~15 亿元。罗永浩的融资历程也一波三折，不少头部机构虽然看好罗永浩本人，但对其 AR 创业的 OS（系统）方向缺少信心，估值也从早期的 20 亿元一路下滑。可罗永浩凭借着个人的影响力获得良好口碑，最终还是获得天使轮融资。一位投资人告诉 36 氪，单是罗永浩这个人，他们就愿意给出 10 亿元估值。在这种情况下，公司愿意给罗永浩更大比例的股权。

（7）企业创始人约定的其他方面可增加股份比例的情况。比如能够对接上某项特定资源的，可以增加该创始人的股份比例。

（8）确认创始合伙人的股权比例。如果三个创始人的股份现在是 360：150：190，那么将他们的股份数相加（700 份）作为总数，再计算他们每个人的持股比例，即 51.4%：21.4%：27.1%。

餐饮企业初创期股权分配是一种博弈，各方利益都需要考虑，尽可能地做到既公平合理，又能提高创始团队成员的积极性。设置动态的股权调整机制，为企业进入下一阶段的股权融资留下腾挪空间。股权设计没有统一的答案，需实事求是具体问题具体分析。

案例 18：四人股东如何分配股权？

张小、温亮、王贵、梁石四人共同成立了一家餐饮企业，主营业务为四川菜，他们的角色如下：

（1）核心创始人（张小）：企业核心创始人，有带团队经验，有相关行业资源；

（2）业务能手（温亮）：营销能手，有丰富的销售及做渠道的经验；

（3）菜品师傅（王贵）：有专业能力，该行业的资深人士；

（4）公司员工（梁石）：工作人员，刚跳槽至本企业，打算陪伴企业的发展。

假设在企业成立之初对股权分配无约定或者平均股权，即每个人 25% 的股权。但对张小、温亮来说，这样的分配结果其实是股权分配最大的坑。

比较公平合理的股权分配方案是考虑每个人的具体能力、资源等并加以量化，可以参考如下方式进行设计。

首先对每个人做出的贡献进行量化，按照从 0 分到 10 分的等级打分。对于企业来说，比较重要的贡献有 5 种，分别是创业初始资源、出资额、技术的专业性、风险承担、渠道开拓。不同的贡献还需要有不同的重要程度，如表 2-8 所示。

表 2-8　　　　　　　　四人股权初始分配考量因素及分数

贡献	重要程度	张小	温亮	王贵	梁石
创业初始资源	8 级	10 分	5 分	3 分	0 分
出资额	4 级	8 分	5 分	3 分	0 分

贡献	重要程度	张小	温亮	王贵	梁石
技术的专业性	5 级	3 分	4 分	5 分	2 分
风险承担	8 级	7 分	3 分	3 分	1 分
渠道开拓	6 级	6 分	7 分	3 分	0 分

之后，把四个人各自的分数与贡献的重要程度相乘，计算出一个加权分数，把每个人的加权分数加起来得到一个总分数，根据总分数计算划分股权比例并对股权比例的合理性进行检查，判断其是否能照顾到各方贡献，如果符合逻辑便可以使用，如表 2-9 所示。

表 2-9　　　　　　　　　　　　　股权分配比例

贡献	张小	温亮	王贵	梁石	合计
创业初始资源	80 分	40 分	24 分	0 分	—
出资额	32 分	20 分	12 分	0 分	—
技术的专业性	15 分	20 分	25 分	10 分	—
风险承担	56 分	24 分	24 分	8 分	—
开拓渠道	36 分	42 分	18 分	0 分	—
总分数	219 分	146 分	103 分	18 分	486 分
股权比例	45%	30%	21%	4%	100%

以上案例根据每个人的贡献进行量化之后，就不会存在平分股权的情况，也不会出现权、责、利不明晰的现象。在分配股权时，还需要考虑每个人将来对企业的贡献。这样的股权划分方法不是很完美，但却不失为一个较好的评价模式。

（四）成长期股权架构具体操作

如果企业度过了初创期（危险期），已经到了成长阶段，就会遇到外部人员、资金进入企业的情况。这时的股权架构对内需要原有创始团队和骨干员工与企业长期走下去，对外需要给新进入股东和提供资金方一定比例的股份。

案例19：俏江南的转变

俏江南餐饮集团创始于2000年，总部位于北京，是当时中国具有发展潜力、值得信赖的国际餐饮服务管理集团。

正因为注重品质和管理，当时有大批投资人主动找上门，包括某世界级知名企业拟投资10亿美元入股俏江南。最初，俏江南创始人张兰对外部投资人是拒绝的。直到后来一次偶然的机会，张兰参加鼎晖投资机构的聚会，认识了其合伙人王功权。经过愉快的洽谈，鼎晖投资管理有限公司投资俏江南2亿元，占股10%。

成功融资后，张兰高调宣布了自己的宏伟蓝图："国内开店数量要达到100家，海外要达到50家，争取在3~5年内开300~500家店。"

（五）成熟期股权架构具体操作

案例20：海底捞的股权架构

2018年9月26日，海底捞在香港证券交易所敲钟，成为继呷哺呷哺和颐海国际之后，又一家在香港上市的内地火锅企业。海底捞开盘不久后市值一度冲破千亿港元，创始人张勇、舒萍夫妇的身家也超过560亿元。据海底捞公告的招股说明书披露，当时海底捞共有320家门店，包括中国内地26个省的296家和位于中国香港、台湾及海外新加坡、韩国、日本、美国的24家餐厅。海底捞的创始人是如何打造千亿帝国的呢？让我们来梳理一下海底捞的股权架构。

1. 海底捞初建

1994年，海底捞的第一家餐厅在四川简阳成立。2001年，海底捞商标的承载主体四川海底捞有限公司（以下简称"四川海底捞"）注册成立，股东有张勇、舒萍夫妇和施永宏、李海燕夫妇4人，4人的持股均为25%。2006年，负责门店装修的北京蜀韵东方装饰工程有限公司（以下简称"蜀韵东方"）注册成立。2007年，施永宏将持有的四川海底捞18%的股权转让给张勇。2008年，焦作市清风海底捞餐饮有限责任公司成立。2009年，负责投资持股的简阳市静远投资有限公司（以下简称"静远投资"）注册成立。随后，张勇等 4 人对四川海底捞的股权架构进行了调整，四位股东直接持股四川海底捞 50% 股权，通过静远投资间接持有四川海底捞 50% 股权，同时引入 6 名创业元老作为股东。2010 年，杭州海底捞餐饮有限公司成立。随后苏州、上海、东莞、郑州、厦门、江苏、宁波、深圳、武汉等地分别成立了以海底捞命名的餐饮公司。自 2012 年开始，海底捞进军海外市场，截至上市前，海底捞共在海外设立 10 家公司。

2. 拆分调料业务

2014 年，海底捞的火锅餐厅门店数量突破 100 家。同年，海底捞开始启动拆分价值链行动。海底捞首先拆分的是餐饮价值链中的供应链管理业务。

（1）拆分前的架构。

拆分前，海底捞餐厅火锅底料产品的运营主体为"四川海底捞"的 6 家分公司（成都分公司、北京食品分公司、上海嘉定分公司、咸阳分公司、郑州高新区分公司及北京销售分公司）及郑州蜀海，其中郑州蜀海及海底捞成都分公司主要从事生产复合调味料，而其他 5 家分公司主要向海底捞餐厅及其他独立第三方经销商销售复合调味料。调味品业务拆分前的股权架构如图 2-24 所示。

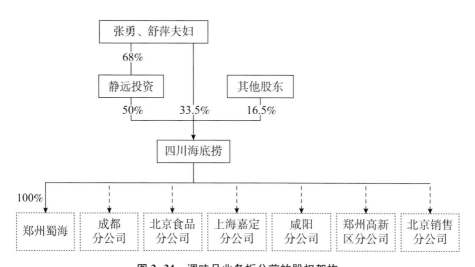

图 2-24 调味品业务拆分前的股权架构

（2）拆分的六步骤。

第一步：2014年4月，郑州蜀海成立全资子公司成都悦颐海。

第二步：从2014年9月起，成都悦颐海通过与客户订立供应协议及接管销售人员，取代四川海底捞公司，接管其复合调味料销售业务。

第三步：2014年11月，海底捞北京销售分公司改制为有限责任公司，并更名为颐海北京。改制后，停止销售生鲜食品业务，从事销售复合调味料业务。

第四步：2014年12月，注册成立颐海上海。颐海上海与四川海底捞订立股权转让协议，颐海上海同意从四川海底捞收购郑州蜀海的全部股权。

第五步：2015年6月，颐海上海成立全资子公司颐海霸州公司。

第六步：海底捞成都分公司向成都悦颐海转让其生产复合调味料相关的全部生产设施及存货。调味品业务拆分后的股权架构如图2-25所示。

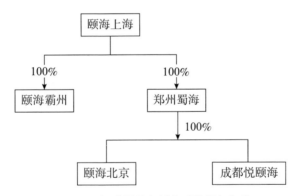

图2-25　调味品业务拆分后的股权架构

（3）调料业务上市。

在将调味品业务拆分后，上述业务被注入境内架构，至此该业务板块境外上市的红筹架构搭建完毕（如图2-26所示）。2016年7月13日，颐海国际在香港主板上市。

3. 拆分供应链管理

2014年6月，蜀海（北京）供应链管理有限公司（以下简称"蜀海供应链"）成立。截至2018年年底，蜀海供应链旗下共有10家全资子公司（以下将蜀海供应链和10家子公司称为蜀海供应链板块）。

蜀海供应链板块提供整体供应链全托管服务，与海底捞餐厅的业务关系

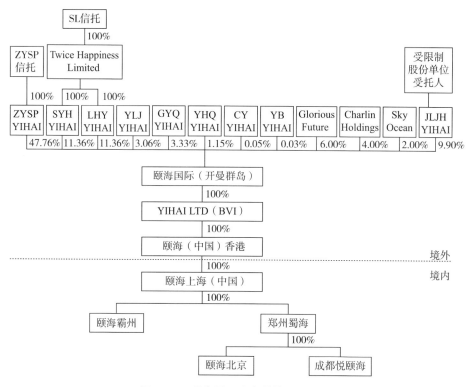

图 2-26 颐海国际上市前的股权架构

如图 2-27 所示。被拆分后，蜀海供应链发展十分迅速，如今已拥有遍布全国的现代化冷链物流中心、食品加工中心、底料加工厂、蔬菜种植基地、羊肉加工基地等。此外，蜀海供应链还建立了采购、储存、理货、出货到配送的全信息化管理体系，为海底捞的扩展奠定了高品质、高效率、高稳定性的供应链体系基础。拆分独立后，蜀海供应链的服务也由单一为海底捞提供服务拓展为给近 200 家知名餐饮及便利店企业提供供应链服务。

截至 2018 年年底，蜀海供应链的主体股权架构如图 2-28 所示。

蜀海供应链板块通过大规模采购，降低原料成本；全国各地自建仓储，提升货物周转效率；与大型第三方物流公司合作，强强联合，帮助客户降低运输成本。

4. 拆分人力资源

2015 年 3 月，微海咨询成立，海底捞将人力资源部招聘中心、员工培训中心业务剥离至该公司运营。微海咨询由仅对海底捞内部进行人才培养扩展

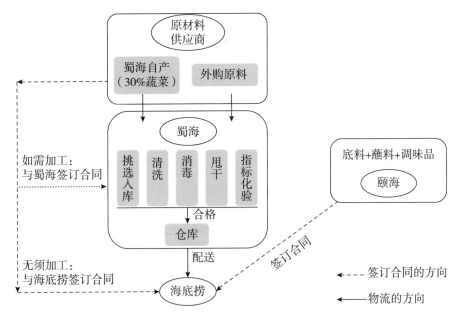

图 2-27　蜀海和海底捞餐厅的业务关系

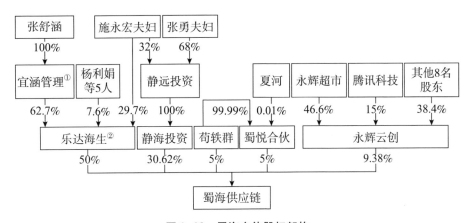

图 2-28　蜀海主体股权架构

到对全国中小规模餐饮企业、连锁经营服务业提供招聘、培训及咨询服务。其股权架构如图 2-29 所示。

---

① 全称"北京宜涵管理咨询有限公司"，成立于 2017 年 2 月，公司执行董事和法定代表人为舒萍。该公司的唯一股东为张舒涵，疑似张勇和舒萍的孩子。
② 全称为"上海乐达海生管理咨询有限公司"，成立于 2017 年 5 月。

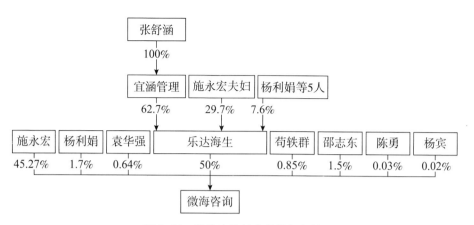

图 2-29 微海咨询的主体股权架构

5. 拆分信息技术

2017 年，海底捞集团和用友网络（600588）合资成立红火台。红火台的股权架构如图 2-30 所示。红火台是餐饮核心业务 SaaS+企业 ERP 一体化服务提供商，为海底捞集团提供三大体系的服务：①会员智能管理体系，通过大数据和精准营销，为会员提供个性化服务以提高转化率；②中央化库存管理体系，系统可以通过测算门店的客流量与销量，精准要货，提高库存周转率，降低库存量；③企业综合运营体系，包括记录员工工作量的中央化管理系统，

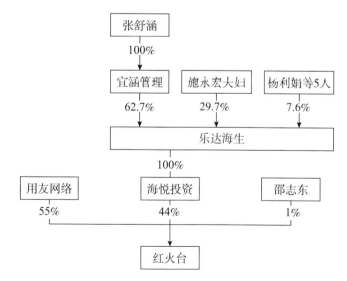

图 2-30 红火台主体股权架构

以及员工轮休自动安排的 OA 系统。2017 年 10 月，红火台的 HUO-SaaS 餐饮云产品正式上线，不仅为海底捞提供服务，也面向大众化餐饮企业，提供门店管理、会员管理、集团连锁以及财务管理等云服务。

海底捞集团还与科大讯飞（002230）于 2017 年 8 月合资成立了讯飞至悦，致力于人工智能在餐饮行业的应用以及硬件设施。讯飞至悦的主体股权架构如图 2-31 所示。

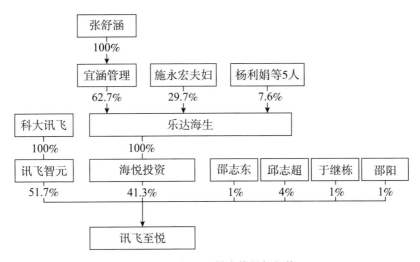

图 2-31　讯飞至悦主体股权架构

6. 火锅餐饮上市

火锅连锁餐饮是海底捞最核心的业务。2011 年，海底捞实行阿米巴经营模式后，门店数量快速扩张，2017 年门店数量已达 273 家，2014~2017 年复合增长率高达 34.6%。在海底捞集团将底料加工、物流配送、工程建设、门店运营、人力资源等多项价值链业务拆分后，张勇开始运作海底捞最核心的火锅餐饮服务业务在香港上市。海底捞上市前的股权架构如图 2-32 所示。

海底捞餐饮业务分成了五大板块，分别为海外餐厅、国内连锁火锅餐厅（主要在上海新派旗下）、互联网外卖（每客美餐旗下）、聚海祥顺、海雁贸易。

7. 海底捞帝国全貌

截至 2018 年 11 月底，海底捞集团完成了火锅餐饮行业全产业链的股权布局（如图 2-33 所示）。在海底捞集团中，已经有两个业务板块上市（颐海国际和海底捞），其他业务是否也会登陆资本市场，我们拭目以待。

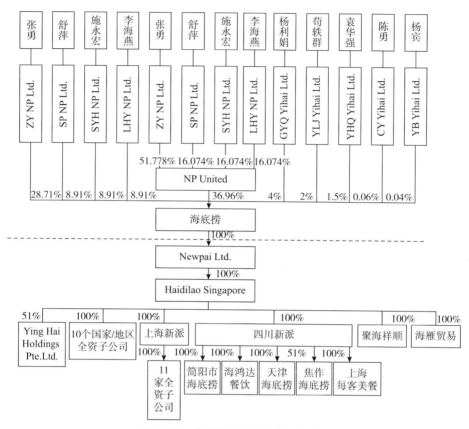

图 2-32 海底捞上市前的股权架构

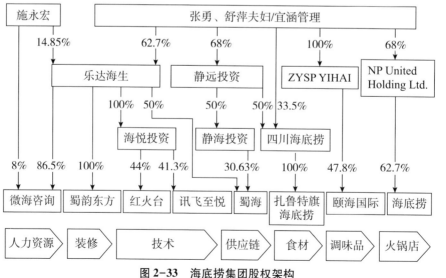

图 2-33 海底捞集团股权架构

第三章

餐饮企业股权激励

> 能用众力，则无敌于天下矣；能用众智，则无畏于圣人矣。
>
> ——《三国志》

一、股权激励综述

股权激励的本质是用企业现时的财富、未来的财富、员工及企业上下游的财富，在企业内部建立一套与利益相关者共赢的机制。

（一）股权激励之道

从"道"的角度看，股权的内核是"人性"，是管理"平衡"艺术的集中体现。首先，控制约束人性的恶是每一种制度安排的目标。好的股权制度安排可以使企业在快速发展的同时保持正确方向，保证控股股东的安全。其次，企业存在的目的就是盈利，在追求增长目标的同时也需要相应的公司治理，平衡激励对象、创始团队、融资方等利益也是股权制度安排的重要使命。只有各方积极性得到充分发挥，股权激励才会有"上下同欲者胜"的结果。

（二）股权激励之术

从"术"的角度看，股权激励的目标是把抽象的"道"具体化，把理论上升到实践层面，主要是明确股权如何分配才能符合企业发展的目标。其重点是解决股权激励的来源、定价、持股方式、人员范围、进入与退出机制等问题。股权激励与公司治理、业绩发展息息相关。股权激励本质是一种手段，也是一种重新分配利益的规则。股权激励鼓励的是员工和企业携手同行，更是培育员工长期奋进行为的一种方式。

（三）股权激励的现状

餐饮企业占我国企业总量的大部分，创造了大部分的产值和利润。它们承担着解决群众就业、促进小商品经济发展的重要使命。充分调动他们的积极性和创造性，关系着小康社会的全面实现和社会的稳定和谐。而现阶段由于餐饮企业股权激励法律法规欠缺，一定程度上使餐饮企业在股权激励时缺乏依据。

出于对掌握核心手艺或拥有特殊资源人员的需要，餐饮企业经常会给这些人一定比例的股权或者期权奖励，承诺给予一定的分红，或者在企业发展到一定阶段或上市时以回购的方式予以高额补偿。但我们也应看到，实行股权激励必须具备规范的公司化运作、成熟的资本市场和完善的法律法规等条件。随着国内股权交易体系的不断完善，餐饮企业实施股权激励的外部条件会越来越成熟，股权激励也逐渐被越来越多的企业提上日程。

（四）股权激励的原则

股权激励是餐饮企业留住优秀员工、吸引人才的重要手段，也是借势快速发展的重要手段，可以促进企业健康良性发展。尽管不同类型、处于不同发展阶段的企业会选择不同的股权激励方案，但餐饮企业在编制、实施股权激励方案过程中还是应当遵循以下主要的基本原则。

1. 合法合规原则

合法合规原则是编制、实施股权激励所应遵守的最基本原则。任何企业的经营、治理行为都应当严格遵守国家有关的法律法规。股权激励作为企业商事行为的一部分，如果违反了法律规定、违背了规范要求，很可能在法律上是无效的。

2. 权利与义务相统一原则

股权激励中的权利义务相统一内容包括收益与风险相统一，激励相约束相统一。收益与风险相统一就是激励对象不但享有企业的股权激励收益，还要承担股权激励业绩不达标、企业亏损带来的处罚。

3. 因时制宜原则

企业在发展中总会呈现出动态的变化，在实施股权激励过程中要根据企业阶段性目标的变化作出相应调整。不同发展阶段对于激励对象的要求不同，初创期的企业与成熟期的企业，经营状况良好的企业和走下坡路的企业实行的股权激励应该是不同的，需要根据企业的实际情况对股权激励方法予以适当调整，从而使企业发展与股权激励相得益彰。

（五）股权激励的特点

餐饮企业实施股权激励的环境较为宽松，灵活程度更大。其股权激励具有如下特点。

（1）餐饮企业股权激励没有明确的标准，市场化程度低，企业的经营业绩不能依据成熟资本市场的规则进行判断，股权估值需要外部专家来协助确定，其股权定价的可操作性略有欠缺；

（2）餐饮企业股权激励的成本无法通过资本市场进行消化，也无法通过外部融资进行分摊，需要餐饮企业自行承担这些成本；

（3）餐饮企业的股权激励额度和个人股权激励数量，法律并没有强制性规定，企业可以根据自身情况决定；

（4）餐饮企业的股权流通性较差。由于多数餐饮企业规模较小，企业的人合属性较强，突出表现是股权与人深度绑定，股权实际收益无法通过证券交易市场公开实现；

（5）在税收方面，餐饮企业的股权交易不属于免税范围，现行会计准则中关于餐饮企业用于股权激励的费用是否可以在企业成本中列支暂无明确具体规定。

（6）在监管规则方面，餐饮企业中的有限责任公司、股份有限公司的股权激励主要适用《公司法》，其股权激励可以依据企业与激励对象的共治实现，股权交易变动所受到监管的限制也较少。企业与激励对象可以通过合同安排股权激励。

当然，完成股权激励方案的制订、签署工作只是实施股权激励的开端，企业要根据股权激励实施的情况，进行动态管理。

（六）股权激励实施的注意事项

1. 要明确股权激励适合的企业类型

并非所有的餐饮企业都适合搞股权激励，只有未来具有高成长性的餐饮企业才可能实行股权激励，高增长意味着产出大于投入。如果企业规模小，发展目标不明确或者工人流动性大，餐饮产品不具备竞争力，实施股权激励对企业效益推动也不会明显。如果是对人力资本依附性很强的餐饮企业，他们就很需要做好股权激励，调动员工的积极性，助推企业发展。

2. 保证股权激励方案设计的公正性

股权激励是一种全新的薪酬制度，由此带来的高收入可以调动激励对象的工作积极性。但如何使激励方案能达到效果？这是方案制定者需要认真考虑的问题。

通过广泛征求意见、专家论证等，合理设定股权激励的业绩条件、约束条件、考核条件、管理条件并签订相关协议。在企业与激励对象实现业绩目标时兑现激励股份，对已执行股权激励依据锁定的条件进行监管，对出现激励方案约定的退出情形的，则要依照约定取消或收回授予的股份。

3. 慎重选择激励工具

餐饮企业在选择激励工具时，要做到既与自己的实际情况相结合，又要与企业未来的发展相适应。常见的激励工具有限制性股权、期权股权、虚拟股权等。每种股权激励工具的激励成本、激励对象获得的权益、激励过程产生的税费均存在很大差异。慎重选择激励工具，避免企业在发展中走弯路，避免产生方向性错误。

（七）实施股权激励的意义

1. 利益绑定，风险共担

股权激励意义在于让被激励者从给别人工作转变成给自己工作的心态。通过股权激励，激励对象的自身利益会与企业利益紧密相连，当企业发展得好时，激励对象自身也能获得相应回报。这种利益的绑定关系可以在很大程度上提高激励对象的工作热情，让其更加主动地参与企业的生产经营过程。激励对象与企业共担风险，共享收益，变成命运共同体，这本身就解决了企业的价值分配问题。

2. 激发创新，有益尝试

股权激励的好处是，它既能在短期容忍激励对象的创新试错，又能在长期给予激励对象丰厚的收益，这样会有效激励企业战略层以及核心技术人员进行创新的勇气，同时，将激励对象的收入与股权利益相联系，促使激励对象有更大的动力去尝试创新，从而有利于推动企业各项发展。

3. 留住人才，降低成本

实施股权激励并形成开放式的股权结构，这样的制度安排有利于留住骨干员工并不断吸引人才加入，会极大地提升企业的市场竞争力。让员工分享企业发展带来的收益，增强激励对象的归属感，从而降低企业人才流失的成本。

股权主要包括三部分权利，分别是收益权、经营权、所有权。企业在内部实施股权激励时，可以对相关权利进行拆分，逐步释放（如图 3-1 所示）。

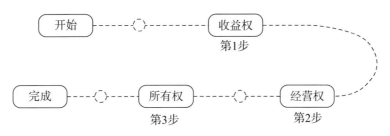

图 3-1　企业股权释放策略

餐饮企业在实施股权激励时，除了要有战略规划，还要掌握股权释放的节奏（如图 3-2 所示）。

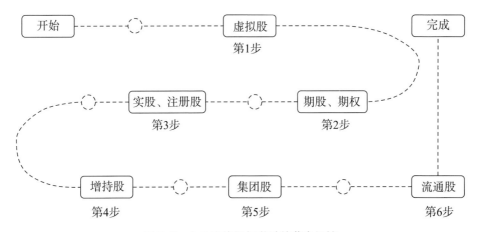

图 3-2　企业实施股权激励的节奏把控

案例 21：餐饮企业的股权激励节奏

M 企业是一家湖南菜类的餐饮企业，创始人在计划实施股权激励时，就按照分步走激励节奏进行。

首先，M 企业将拟授予股权激励的核心技术人员纳入企业股东名册中；同时，为了平衡利益关系，对其他技术骨干、业务能手及部门管理人员进行分红股激励，进一步将利益相关者绑定。

M 企业进行股权激励的步骤如下。

（1）期股转实股：激励对象用资金购买企业与激励对象约定好的期股。激励对象持有期股后，每年可以参与分红，分红资金用来回填购买期股未能缴纳的部分，多退少补；

（2）分期行权：激励对象期股全部转化为实股后，可以分 3 年行权，每年行权 1/3，即激励对象拥有实股 3 年后才可以将手中持有的股份进行交易，比如退出、转让等，但股份分红不受此影响。

（3）享受增持股：为了使激励对象能伴随企业共同发展，企业为激励对象、优秀员工设计了上升通道，激励对象、晋升的员工可以获得相应的增持股份的权利。在内部实施股权激励的同时，企业还计划分步骤对外进行股权融资，设计未来 5 年的上市战略规划，为企业发展带来更充足的外部资源支持。

二、餐饮企业股权激励的实施

对餐饮企业来说，可以根据自己企业的情况进行股权激励。实践中，一个股权激励方案的落地需要经过调研诊断、方案设计、尽职调查及资产核算、召开股权动员会及宣讲会、方案起草审核及生效、方案实施六个阶段。

（一）调研诊断

通过与企业管理团队、股东的沟通，明确实施股权激励的必要性和目标，此外还要与被激励对象进行多次访谈，了解被激励对象对企业的期待和想法。为了能够了解各方最真实的想法，建议聘请独立的第三方机构对相关主体进行访谈，本着独立、公平、公正的原则，兼顾各方的利益，制订符合各方利益的股权激励计划。在各方同意的情况下成立专门的股权激励小组，并由相关人员担任联络员。

（二）设计激励方案

1. 股权激励方案的内容

股权激励方案，是指企业拟激励对象获得公司股权的形式。通过掌握一定数量的股权份额，使激励对象享有与份额相对应的经济权利、决策权利、管理权利等，从而使其尽心尽力地为企业的长期发展服务，这也是企业发展的一项相对长期的制度安排。

在设计激励方案时，企业需成立专门的股权激励小组或者聘请第三方机构拟定股权激励方案草案及相关配套文件。一般来说，一份完整的股权激励方案应该至少包含以下 11 项内容。

（1）股权激励目标。

（2）激励对象。

（3）激励工具。

该部分要明确使用何种激励工具，餐饮企业常用的激励工具有实股激励、期股激励、期权激励、干股激励、虚拟股权、业绩股权等。

（4）股权激励的数量和价格。

该部分要明确企业需要拿出多少股权分给激励对象？激励对象个人又能具体得到多少股权？它们的价格又是怎么得出的？

（5）激励来源。

该部分要明确企业股权的激励来源和购股资金的来源。

（6）激励（行权）时间。

这部分内容要设定清楚股权激励计划的各种期限。例如，激励对象的授予日、可行权日、行权有效期和其他权利日期等要明确。

（7）激励条件。

该部分要设定清楚激励对象获授权益、行使权益的条件。

（8）激励方案的调整、退出机制。

该部分要明确股权激励调整的权益数量、标的股权数量、授予价格或行权价格的方法和程序；符合退出条件的，哪些情况可以退出激励计划，退出时激励对象的权益保证等。

（9）行权程序。

该部分内容要设定清楚企业实施股权激励的全流程内容，尤其是激励对象。

（10）会计处理。

这部分要明确激励方案的会计处理方法、股权的公允价值确定方法、涉及估值模型重要参数取值合理性、实施股权激励应当计提费用及对企业经营业绩的影响等。

（11）权利义务。

该部分要明确在实施激励过程中，企业和激励对象各自的权利义务内容，违约责任及纠纷解决方式。

2. 股权激励计划文件、制度的起草

餐饮企业股权激励方案、相关配套制度文件的起草在企业实施股权激励过程中起着重要作用。股权激励计划具体如何实施、激励对象如何考核、能否行权、何时行权、如何行权等最终都需要体现在这些文件中。方案的书面文件一般由企业专门负责股权事务的部门或者聘请的外部股权咨询机构起草。一套完整的股权激励计划方案及其配套制度包括《公司股权激励计划方案》《公司股权激励计划绩效考核办法》《公司股权激励计划管理制度》等。

（三）尽职调查，资产核算

股权与企业经营、企业治理密切相关。股权激励启动前要对前期资料进行整理，如企业的整体经营状况、企业股权激励工作的准备情况、与激励对象沟通股权激励方案的情况等。

由企业或者外聘的财务企业对企业的净资产或估值进行核算，以明确企业的资产、当前的股权架构、组织架构、财务状况，确定企业的实际价值。

（四）召开股权激励动员会或宣讲会

一个好的股权激励方案制定过程，离不开企业向激励对象的宣讲和动员。做好充足的动员和宣传工作是股权激励落地实施的重要组成部分，因为股权激励的目的就是要使企业上下一心共同奋斗，也是企业和激励对象统一思想、统一认识的过程。在召开动员会或宣讲会时，还要请一些股权专家、律师讲解并回答股权激励中涉及的问题，让员工和激励对象真正明白激励的价值，同时股权专家还会就企业股权激励方案中涉及的具体激励方式，从专业角度向员工具体分析。

（五）激励方案审核及生效

（1）企业管理团队对相关文件进行审议；

（2）企业最高权力机关股东会对股权激励方案是否实施作出批复；

（3）签署激励协议、明确双方的权利义务，避免日后产生不必要的纠纷。

（六）方案实施

（1）企业将一定数量的实股、干股、股票期权、虚拟股权等股权激励标的授予激励对象，同时签署《激励对象承诺书》，确认《激励对象的具体考核责任》，明确实现股权需要企业达到的业绩条件并了解股权激励计划的相关制度。

（2）激励对象在股权激励计划方案规定期限内努力实现企业的业绩目标，以达到行权条件；激励对象遵守企业股权激励相关制度，以便符合激励对象行权资格，等待行权。

（3）约定期限结束，经企业管理执行机构或股权激励小组审核确认，按激励对象申请行权的数量向激励对象授予股权激励标的利益。在方案实施的过程中，要区分企业和个人分别达标的条件。如果二者均未达到股权激励方案约定的行权条件，则行权条件不成立。

（七）股权激励方案制订的影响要素

股权激励方案的设计是企业股权激励制度构建的关键一步。企业能够建立起有效的人才激励体系，很大程度上取决于股权激励方案的设计是否合理。从目前的实践情况看，大多数优秀的餐饮企业都实施了股权激励。

作为餐饮企业主体的中小企业，面临缺少资金、人员，没有相应的标准作为激励参考，股权激励意识偏低等情况，再加上股权激励周期相对较长，股权激励实施难度很大。我们针对餐饮企业的特点，提出其在实施股权激励方案中需要重点关注的 8 个要素，分别是确定激励目标、激励对象、激励工具、激励数量和价格、激励来源、激励时间、激励条件、确定激励机制。这 8 个要素也是股权激励方案设计中的 8 个关键点。

三、餐饮企业股权激励主要流程

在明确了餐饮企业的 8 个激励要素后，我们需要按照要素指引搭建股权激励架构，维持好各方的利益诉求，让每个人都能享受到股权激励的红利。

（一）明确企业和个人的激励目标

股权激励方案中的目标通常包括两种：一种是企业目标，也可以称作组织目标；一种是个人目标，也可以称作岗位目标。在制订股权激励方案时，要明确企业目标和个人目标。不同的企业进行股权激励的目的有所不同，即使是同一家企业，在发展的不同阶段股权激励的目的也会有所不同。

餐饮企业在设定目标时，要遵循 SMART 原则，即目标必须是具体的（Specific）、可以衡量的（Measurable）、可以达到的（Attainable）、与其他目标具有一定的相关性的（Relevant）、有明确截止期限的（Time-based），如图3-3 所示。

一般来说，在餐饮企业成立之初，大多数企业的激励目的就是调动各方积极性，让大家有一个干事创业、建功立业的环境，激励他们成为奋斗者。而处在成熟期的餐饮企业在进行股权激励时，主要目的是降低代理成本、防止内部人控制、高管追求短期利益，更多地吸引并留住对企业具有突出贡献，或是能够给企业带来持续积极影响的核心骨干人员和经营管理人员。

企业存在的目的就是盈利。股权激励需要把企业的目标转化为激励对象个人的目标，这就需要找到个人的核心需求点并将其转换成业绩目标。

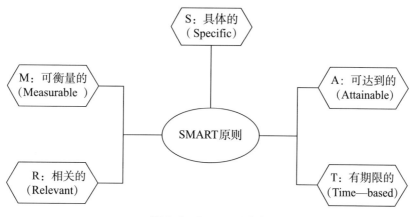

图 3-3　SMART 原则

例如，某餐饮企业激励对象今年的目标是堂食收入 100 万元，于是我们可以把 100 万元的收入目标转化成激励对象个人需要达到的业绩目标，按照约定业绩股权计算，假如 100 万元的收入需要做到 2000 万元的堂食业绩，于是个人的目标业绩就出来了。这样定出来的个人目标与企业的盈利目标统一，这时的个人利益和企业利益绑定，能达到双赢的结果。

确定了股权激励的目的也就明确了股权激励所要达到的效果，这样就能够有的放矢地选择相应的股权激励对象。

（二）确定对哪些激励对象进行股权激励

确定股权激励的对象，就是选定激励符合本餐饮企业发展目标且能达到绩效的人。这一要素的确定可以与确定激励目标同时进行。

餐饮企业在确定激励对象的范围时具有一定的灵活性，通常情况下，确定哪些人能成为激励对象，一般要考虑 4 个要素标准：①岗位层级；②工龄年限；③工作考核得分；④岗位类型（具体如表 3-1 所示）。同时，不建议一次性将所有激励对象纳入激励范畴，而是分批、分次地进行。

第一批：核心管理层。

第二批：中坚力量层。

第三批：技术骨干层+有前途员工。

表 3-1   确定激励对象要素及权重

类别	要素	权重	衡量的尺度
岗位价值	战略影响	10%	岗位对企业战略层面的影响程度
	管理责任	10%	岗位在管理和监督方面所需承担责任的大小
	工作复杂性	10%	岗位工作所面临的复杂性
	工作创造性	10%	岗位工作所需要的创造性
素质能力	专业知识	15%	主要是指员工所具有的专业知识能力，以及持续学习的能力
	领导能力	15%	主要是指员工所具有的领导和管理方面的能力
	沟通能力	10%	主要是指员工的沟通及影响他人的能力
历史贡献	销售业绩贡献	6%	员工是否对企业的销售业绩作出突出贡献
	技术进步贡献	7%	员工是否有效促进企业核心技术的发展
	管理改进贡献	7%	员工是否针对企业的经营管理提出可行性意见

从企业的发展看，每个阶段需要激励的对象也不尽相同。餐饮企业刚成立时，面临着如何生存下来的问题。这时可以将创始团队和核心技术人员确定为激励对象范围：一方面可以让核心成员能安心留在企业，展示企业愿意与他们共生存共发展；另一方面可以用股权激励代替奖金来减轻企业的资金压力。

餐饮企业的成长阶段，激励对象范围可以从创始团队和核心技术人员扩大到管理团队和运营团队，还可以进一步扩大到企业上游供应商、下游合作伙伴。

企业成熟、衰落期的发展速度开始放缓，具有稳定的组织结构、相对健全的制度，但企业的发展不可避免地会遇到天花板。这时，企业需要推出新的产品或服务，需要考虑将成熟业务独立，开辟新的业务单元或者实体，将股权激励的重点放到新的单元或者实体，但应注意新老业务的匹配和新老人员平衡问题。实践中，可适当放宽激励对象的范围，但绝不是全员激励。

（三）选择适合的股权激励工具

选择股权激励工具是餐饮企业采取何种方式进行股权激励的问题，要根据激励的目标和所在行业的竞争情况以及企业的客观实际情况，选择适合自身的激励工具。

股权激励的工具通常包括两个方面：一是股权激励实施的方式。实施股权激励需要根据餐饮企业的发展阶段、管理模式等实际情况的不同来选择合适的激励工具。二是股权激励的持股模式，即选择直接持股还是间接持股，以及选择不同的持股平台。

目前市场上主要的股权激励工具有：股票期权、限制性股票、股票增值权、虚拟股票、直接持股、年薪持股制等。

对于餐饮企业来说，除了上述激励工具，实践中还有跟投计划、收益权转让、门店合伙人、薪酬创新计划、员工持股计划等其他激励工具。激励工具的选择没有定式，但一个好的股权激励往往是两种或两种以上工具的结合，很多时候单一的工具无法满足餐饮企业对不同层级人员、不同发展阶段的需求。餐饮企业应当根据自身所处的不同阶段和面对的不同人员来选择不同的持股平台。

（四）确定股权激励的数量和价格

激励股权数量的确定是方案设计中的关键环节，因为它直接决定了激励的力度和对企业控制权的安排。明确激励股权的数量有两层含义：一是企业要拿出多少股权来激励。二是激励对象所获得的股权数量是多少。股权激励的实施不应一次到位，除了要分批次实施，还要考虑每一次实施股权激励的总量，这个总量还应考虑未来激励对象持股比例和股权控制的问题。

股权的定价包含折价、平价、溢价三种模式。很多餐饮企业可以选择以折价的方式或无偿赠予的方式向激励对象分配股份，以充分展现企业的激励诚意。

餐饮企业在对股权进行定价时需要考虑股权的实际价值、激励效果、股份支付问题。股权定价的参考标准主要是企业注册资本价格、企业净资产价格、引入战略投资人确定的价格、市盈率法计算的价格。股权激励的价格一般低于外部投资人的出资价格，采用这种方式的企业较多，也更公平合理。

1. 确定股权激励总量的考虑因素

法律并没有强制性规定餐饮企业股权激励的总额度，因此企业可以根据自身情况酌情决定股权激励的总额度。在确定股权激励额度时，一要考虑企业现有薪酬待遇及可承受范围。二要注意企业控制权的问题，因为股权激励必然会稀释原有股东的权益。三要根据企业规模与净资产状况确定合理比例。

2. 以员工总薪酬水平为基数来确定股权激励总量

餐饮企业可以以激励对象总体薪酬水平为基数乘以系数来决定股权激励的总量，以下为计算公式：

股权激励总价值＝年度总薪金支出×系数

至于系数的确定，可根据餐饮行业实践和企业自身情况来决定。这种方法将企业的当期薪酬发放与授予的数量联系起来，保证了激励总量和企业发展相挂钩。成长阶段的企业股权激励总量一般为 20%～30%，而成熟期企业激励股权总量一般为 10%～20%。

3. 餐饮企业激励股权数量的有关规定

一是餐饮企业激励股权的总量。

我国现行《公司法》等相关法律没有明确规定餐饮企业激励股权的总量，一般来说，小型、微型企业的股权激励总额不超过企业总股本的 30%，且单个激励对象获得的激励股权不得超过企业总股本的 3%；

二是股权激励对象个人可以获得的股权数量。

每一个股权激励对象可以获得的股权数量，按照相关规定，上市公司任何一名激励对象获授的本公司股权累计不得超过公司股本总额的 1%；高管个人股权激励预期收益水平，应控制在其薪酬总水平的 30% 以内。餐饮企业可以根据企业经营情况灵活安排。

（五）明确激励股权来源

激励股权的来源包含两层含义，一方面指用于激励对象的股权来源，另一方面指激励对象购买股权的资金来源。激励股权的来源以及购股资金的来源设计是否合理，决定着股权激励计划是否能够取得预期效果。

用于股权激励的股权主要来自原股东出让、增发新股、企业回购股份以及专门预留等。一般情况下，在进行股权设计时就会预留出部分股权激励的份额，伴随企业的发展和阶段目标的实现而逐步进行股权激励的释放。需要注意的是，在确定资金来源时，要综合评估企业现金流、激励对象收入状况等因素。

1. 餐饮企业股权来源

（1）大股东转让股权。

餐饮企业中，创始大股东一般拥有多数股份。因此，在不影响控股权的情况下，拥有绝对控制权的股东可以和激励对象约定一个激励额度，待各种条件成熟后，直接向激励对象转让相应的股权。

例如某有限责任公司的餐饮企业，注册资本为100万元，其中大股东出资70万元，占70%股权。如果大股东拿出10万元的出资额，也就是总出资额的10%转让给激励对象，那么大股东还剩60万元的出资额，占60%股权。

大股东转让股权势必会减少大股东的股权数量和经济利益，相对适用于股权集中的餐饮企业。对餐饮企业来说，进行股权激励的股份一般不超过公司总股本的30%。大股东转让获得激励股权来源的方式，只有大股东一个人的股份减少，其他股东的股份不变。

（2）股东同比例稀释转让股权。

股东同比例稀释转让股权就是所有股东都要向新股东转让股份。例如：大树餐饮公司有两个股东甲和乙，股权比例是80%：20%。现在一个新股东丙要加入，拟给丙10%的股份。按照同比例稀释的原则，占80%股份的股东甲要稀释8%的股权给新进来的股东丙，乙的20%股份要稀释2%的股权给丙。那么最后三个人的股权比例就是72%：18%：10%。

（3）增资扩股。

以增资扩股获得激励股权来源的方式，使现在所有股东的持股份额都得到了同比例稀释。

这种方式的好处是原股东在股权稀释后还保持相对平衡的比例，而让大股东拿出自己的股权做激励，除了可能引起控制权发生变化，还会导致股东间权利义务的不对等。

例如，某餐饮企业注册资本为100万元，其中大股东出资70万元，占70%。如果增加注册资本10万元给激励对象，那么企业注册资本变为110万元，大股东出资的70万元，成了占63.6%的股权。

在上述获得激励股权来源的方式中，一般建议企业采用增资扩股的方式获得激励股权的来源。毕竟股权激励作为一项长效的机制，获益的将是所有股东。而只稀释大股东持有的股份，这样的激励股权来源方式是不可持续的。

（4）创立时预留股权。

预留股权是指餐饮企业成立之初预留一部分股权，用于引进新成员、新资源或将来的员工激励等。餐饮企业需要在前期就预先留存一部分股权份额，这样才能在后期招揽人才时，拥有相对明显的优势：一方面能够让人感受到企业的规范和对未来的规划；另一方面也能够使新进入人员尽快与企业的发展绑定。对于预留股权，企业一定要明确约定代持事项以及利益分配方式。

案例22：某餐饮企业的股权激励

2023年年初，我们为在湖南某餐饮企业的一名连续工作满2年并且拥有过硬菜品技术的小刘实施了股权激励。当时情况是，该企业的4名股东同意将10%的股份授予小刘，并约定可以成为注册股东。但股东们对小刘如何获取10%的激励股权这一现实问题产生了争议。一种观点是稀释大股东的股权，另一种观点是同比例稀释转让原股东股权。

该餐饮企业4名股东的股权占比分别为40%：22%：20%：18%，由于无预留股权池，如果直接采用大股东转让的方式作为激励股权来源，那么大股东的股权比例将直接降至30%，失去对餐饮企业的控制权且失去了对重要事务的一票否决权，这绝对是大股东不能接受的。在征求4名股东的意见并经他们同意后，我们选择了同比例稀释股权的方法。其后，4名股东分别拿出4%、2.2%、2%、1.8%的股权激励小刘。

2. 餐饮企业购股资金来源

与上市公司"不得采用公司借款、贷款担保等方式为激励对象提供财务帮助"不同，餐饮企业不受《上市公司股权激励管理办法》的限制。餐饮企业常见的购股资金来源主要是激励对象自筹资金、公司借款、贷款担保和从激励对象工资、未来奖金或业绩提成中扣除以筹集资金等。借款方式与提供贷款担保方式是两种较为常见的购股资金来源。

企业采取借款方式部分或全部为激励对象垫资支付股权所需，会免收利息或以低息向激励对象出借资金，这种方式在一定程度上减轻了激励对象支付现金的压力。

企业提供贷款担保方式是由激励对象统一向银行或金融机构提出贷款申请，由企业提供担保以提高贷款审核的通过率和放贷效率，激励对象按月偿还本金。这就免去了激励对象四处借贷的忙碌奔波，为其带去了极大的便利，但企业会面临承担担保责任的风险。

餐饮企业在做股权激励的时候要根据激励对象的实际情况，考虑购买股权的资金来源问题。对很多激励对象（尤其是员工）来说，虽然能拿到企业的股权是他们创业的动力，但这项支出无论多少都是他们的额外支出，或多或少都会造成压力。

（六）选择什么时间做股权激励

激励时间，是指确定股权激励的具体时间安排，在什么时间授予激励对象股权奖励。

餐饮企业可以根据自身实际发展情况来确定具体的股权激励时间表。一个完整的股权激励方案，一般包含激励方案的制订、授予、等待、行权、禁售和解锁等，相关概念如表 3-2 所示。

表 3-2 股权激励中相关概念的含义及操作

概念	含义	餐饮企业的操作
授权日	指股份支付协议获得批准的日期，此时权益工具还没有支付给激励对象，公司在授予日通常不做会计处理	餐饮企业没有法律限制，公司可以根据自己的实际情况确定
可行权日	是指可行权条件得到满足、激励对象具有从公司取得权益工具或现金的权利的日期	—
有效期	是指整个股权激励计划的存在周期	《公司法》并未对非上市公司股权激励的有效期作出规定
禁售期	为了防止激励对象在股份解锁或行权后将股份卖掉离职，从而损害公司利益	餐饮企业股权激励多采用封闭管理，禁售期的作用不是很明显，一般时间也不会很长
失效日	行权的最后期限日	—

确定股权的激励时间包括三层含义，一是在什么时候实施股权激励；二是股权激励方案周期的长短；三是股权激励的时间节点。确定股权激励的具体时间必须经过推理和科学预测，既要达到长期激励的目的，又不会使激励对象感觉遥不可及，要确保激励对象的努力能够得到激励的回报。一般来说，企业除了预留一部分股权，还要提前考虑未来 3 年的发展。在什么时间授予激励对象股权激励，这是实施股权激励方案时必须明确的要素（如图 3-4 所示）。

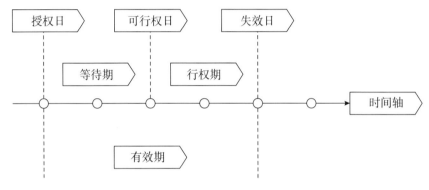

图 3-4　股权激励有关时间安排顺序

餐饮企业在选择激励时间时应做全盘考虑，不能过早或过晚。最好是企业快速发展的前期。因为这一阶段实施股权激励的效果最好，激励对象的积极性最高。在创始阶段，企业的价值并不明显，在企业遇到困难，发展停滞不前的时候，都不宜实行股权激励。

如餐饮企业后期需要上市时再做激励，要考虑的因素就会很多，比如需要考虑股份支付、突击入股、信息披露、企业上市后的市值等，这些都会影响企业的上市进程和投资人对企业前景的判断。

（七）激励对象实现股权的条件

确定激励条件是指在满足何种条件下，激励对象可以享有激励的股权。激励条件主要落实为餐饮企业具体的业绩要求指标，通常体现为对激励对象的业绩考核，只有激励对象在企业的业绩考核为合格的情况下才能获得股权及其收益。

如果激励对象未能达到企业与其约定的业绩，则当期的股权激励不得行权，该部分股权标的由企业注销或者按照原授予的价格予以回购。若激励对象符合授予及行权条件，但未在行权期内全部行权的，则未行权部分的股权激励标的应由企业予以注销或者按照原授予的价格予以回购。

股权激励条件大致可以分为两种。

（1）业绩条件：在符合哪些业绩要求时可以行使股权，一般来说从企业业绩要求和个人考核结果两个层面来确定业绩条件。

（2）触发条件：指企业预先确定激励步骤，在分步激励的过程中符合具体的业绩指标，就可以开始实施股权激励、授予限制性股票、股票期权等。

（八）搭建股权激励相关机制

一个股权激励方案的实施，需要一些运行机制来保障，如股权激励的管理机制、股权激励考核机制、股权激励的调整机制和股权激励的进入、退出机制等。

这些机制中最重要的是股权激励的调整机制和退出机制。股权激励的调整机制包括激励股权数量和价格的调整。在企业资本公积转增股本、派发红利、股份拆细或缩股等情况下，企业会对激励股权数量及价格作出调整。

1. 股权激励调整机制

进行调整是股权激励中不可或缺的一步，它对于股权激励方案的落实具有重要作用，顺利地实施股权激励计划需要在股权激励方案中制定合理完善的股权激励调整机制，餐饮企业股权激励方案中应包括股权数量的调整方法、股权行权价格的调整方法及激励对象变动时的方案调整办法（如表3-3所示）。尽量在发生股权变动时减少纠纷，保证企业良好的创业氛围。

表3-3　　　　　　　　　　　　　股权激励的调整

调整条件	正常调整	负向调整
激励对象升职、调岗、转换任职	激励对象发生正常职务变动，其获授的激励股权仍然按现有的调整程序进行	已获授但尚未行权的股权不得按计划行使，已经享有的股权由公司进行回购
退休	授予时间和有效期限不变；在一定期限内加速行权，未完成行权的股权激励计划将失效	—

调整条件	正常调整	负向调整
终止劳动关系	激励对象已行权的股权继续有效，已授权但未行权的股权不得行权，由公司注销；激励对象已获授权但尚未解除限售的限制性股权不得解除限售，由公司回购注销，回购价格为授予价格	激励对象已行权的股权或已解除限售的限制性股权继续有效。激励对象已授权但尚未行权的股权不得行权，由公司注销；激励对象已获授但尚未解除限售的限制性股权不得解除限售，由公司回购注销，回购价格为授予价格
丧失行为能力、死亡	继承人可以行权，但需在一定时间内，如期限内不行权则股权激励自动作废	—

调整程序：股东会授权企业执行机构审议通过关于调整股权数量、行权价格的议案。企业负责股权激励的部门应就该提议是否符合《公司法》及公司章程、发展规划、激励目标、激励计划等进行核查，必要时聘请外部顾问或者咨询公司出具专业意见。调整议案经执行机构审议通过后，企业应当及时披露董事会决议公告。

2. 退出机制

退出机制是股权激励方案的重要组成部分。广义的退出机制也是股权调整机制的一部分。对于餐饮企业而言，退出机制的重要性不亚于实时激励本身。现实中常遇到的一个难题是，餐饮企业的虚拟股权无法通过公开市场退出变现。如果企业的股权没有合适的退出途径，那么潜在激励对象对于购买虚拟股权就会有很大的顾虑。换句话说，如果股权退出机制不合理，即使激励方案中的其他环节设计得再好，也会让整个方案失去稳定性。同时，股权的退出机制也是知识资本化的关键安排，正是这一安排使激励对象的身份与股东身份始终保持一致。也正是该机制的存在，企业才能有更多的股份不断发放给新的激励对象。

3. 餐饮企业股权激励退出机制的三种情况

第一种情况是强制退出。包括激励对象与企业解除劳动关系、丧失劳动能力或行为能力、被追究刑事责任，或工作中出现较大错误、严重违反企业章程等原因，这些情形都会导致其未行权便退出。激励对象在这些情况下，会直接丧失行权资格，餐饮企业有权收回还未行权的激励股份。

第二种情况是允许退出。激励对象已经拿到了一部分股权激励，他们的退出多会涉及股权回购的问题。在这种情况下，股权回购的条件、价格及程序等都需要提前设计。

第三种情况是如遇公司上市或被并购的情形，企业一般会提出加速到期方案或直接终止，这种情形下也会有一部分激励对象退出。

4. 退出机制的要点

（1）提前规划。

在规划股权激励的退出方案时，应对餐饮企业阶段性发展规划和预期的核心员工绑定期限进行综合考虑。最好在企业成立初期设定股权退出机制，确定退出前的锁定期和限制期并签订好书面协议，最迟也不能晚于餐饮企业开始盈利或完成第一轮融资时。

（2）离职即退出。

餐饮企业更多考虑人合性、股权激励池的有限性问题。餐饮企业在实施股权激励时，激励对象往往都是与企业有劳动关系，并且达到一定职级或者有技术的人员以及作出某方面贡献的员工。激励对象的离职，属于从人合性较强的组织脱离，也就丧失了成为激励对象的资格。

（3）价格公允。

退出定价这一环节是直接关乎出售股权的激励对象可得利益的问题。设定公允的退出价格计算方式，使股权激励真正对员工起到激励效果，同时也避免激励股权的价值虚高给企业带来过高的负担。

具体的退出价格确定，有三个因素可以参考：一是以净资产价格作为定价基础，即根据股权激励退出时餐饮企业最近一次的财务报告或审计报告中的净资产价格进行定价。二是以一个固定的金额或者利息计算。三是可以参考股权溢价或折价倍数。

案例23：餐饮企业股东的退出

某餐饮企业激励对象退出时，其他股东可以按照其持股比例参与分配企业净资产或净利润的一定溢价回购，或者按照退出股权价格的溢价回购，也可以按照其股权对应金额加利息计算回购。至于最终选取哪个因素决定退出价格，需要看企业具体情况，既让退出的激励对象能分享企业发展的红利，又避免企业有过大的现金流压力，还争取了一定的股权调整空间。

需要提醒读者的是，在餐饮企业创立时，市场管理部门都要求提供企业章程，而大多数餐饮企业选择使用制式的章程模板，因此章程中的重要条款，诸如股东退出规则等条款很难写进公司章程中。针对这一状况，企业创始人可以在企业注册完毕后与股东另行签署协议，规定股权的退出机制。但股东协议与企业章程尽量不要发生冲突。同时可以约定，如二者发生冲突时，在法律规定范围内，按照后者的约定进行处理，以保证股东协议在解决纠纷时的优先地位。

（九）后期管理

股权激励方案并不是一成不变的。企业后期应该追踪股权激励方案的实施情况，如发放分红、股权调整、变更工商登记、会计处理、股权退出等。后期管理考虑的重点是股权的调整和退出，如果企业的股权在实施激励时一次性分配出去，那么以后再想调整时就会没有调整的空间，这显然与企业的发展要求不符。另外，在股权激励方案实施过程中可能会出现激励对象的离职、违反企业规定、违反法律甚至刑事犯罪等情形，合理安排激励对象的退出渠道也是保持企业稳定发展的必要条件。

四、餐饮企业的股权激励工具

在餐饮企业的发展周期里，不同类型的企业和所处不同阶段的企业采用的股权激励工具也不尽相同。餐饮企业的股权激励应当遵循先虚后实、短期激励与长期激励相结合的原则。在具体实施时，需要让激励对象自行购买拟激励的股权，这样才能起到组成利益共同体的效果。实践中应用较多的让激励对象花钱买股权的激励方式主要有：实股、期股、期权、干股、虚拟股、业绩股、限制股。

（一）实股

实股，指工商登记注册的股权，通过内部股东转让、增资扩股或者市场回购，激励对象以现金、贷款或者奖金等支付的方式购买企业股份。餐饮企业可以通过合同约定和设置取得实股的附加条件，如要求激励对象签订一定期限的劳动合同，必须在设置的考核期内完成约定的考核业绩指标等；当然企业也可以不设置附加条件。持有实股就意味着成为企业的自然人股东或有限合伙公司的合伙人。

实股股权代表激励对象对企业的所有权。这种所有权是一种综合权利，比如参与股东大会、投票表决、参与企业重大决策、收取股息或分享红利等真实权利，但是对该股权的处置权存在转让时间与转让对象的限制。

实股的好处是可享受年度分红，且可自由转让，享有股东权益，享有表决权，但是员工享有实股，企业需要进行工商注册变更。

实股具有所有权、资产增值权及分红权。实股可以通过免费或出资方式获得，也可以无条件或设置条件获得。餐饮企业通常有 3 种方式进行实股股权激励。

1. 实股出售

餐饮企业或股东按照股权评估价值或者优惠打折的价格，以协议方式将企业股权出售给激励对象。激励对象拥有真正意义上的股权，包括知情权、质询权、提案权、表决权、分红权等完整权利。

2. 定向增资

餐饮企业将激励对象作为增资扩股的对象，激励对象需要自己出资或用其他资产来购买，从而获得企业的股权。

3. 实股奖励

餐饮企业根据盈利状况无偿将一定数量的注册股授予激励对象。如果激励对象由于达到了企业设定的经营目标而被企业授予实股，那么他在获得经营业绩股权的同时享有了分红权。

实践中一些餐饮企业会选择无偿授予激励对象一定份额的股权，但要求激励对象获得实股必须以达到一定的经营业绩水平为条件，这种激励方式又被称为业绩股份。另一种做法是授予时已经对激励对象进行了多方位的考察，股东或者企业按股权评估价值或者优惠打折的价格，以协议方式将企业股权出售给激励对象，要求激励对象支付一定的对价，能够提高激励对象对激励计划的参与感，提升激励对象的主人翁意识，更好地发挥激励的作用。

（二）期股

期股是出资者向经营者提供激励的一种制度，它实行的前提条件是经营者必须购买本企业相应的股份。在实际执行过程中，企业和激励对象首先会约定在将来某一时期内以一定价格购买一定数量的股份。

其次，激励对象先缴纳一定数量的资金作为首付款，享有激励股份的分红权。此时激励对象并不拥有期股的所有权，实股和期股都不能马上兑现，而是先行取得实股和期股的分红权、配股权等部分权益。

最后，激励对象每年参与股份的分红，分红资金用于回填购股资金不足的部分，一直到还完期股为止；在未全部还完这段时间，已经缴纳首付款或者通过分红实填的股份为真正的实股，未能回填的部分为虚拟性质的期股，只有完全回填后，激励对象才能变成实股股东，即成为真正意义上的注册股股东。

激励对象购买期股的资金来源可以是多渠道的，既可以来源于激励对象支付的现金，也可以是期股分红所得和其他分红所得。如激励对象支付的资金或分红不足以填满本期购股款项，也可以用其他资产冲抵。

激励对象的任期和以分红回购期股的期限可以不一致，如果激励对象在任期内未能达到协议规定的考核指标或自动离职，均属于违反与企业的约定。如有这种情况，企业会取消激励对象所拥有的期股股权及其收益，其个人现金出资部分作为风险抵押金也要相应扣除。

案例 24：期股行权，能分多少现金？

某餐饮企业从 2017 年开始启动股权激励工作，激励对象认购了 10 万股的期股，原始价为每股 3 元，计划用 5 年时间转为实股，每年须转 2 万股，价格 6 万元。

第一年，每股分红为 0.3 元，激励对象年终期股分红为 10×0.3＝3 万元，期股分红不足以支付当年应购期股 6 万元，须自己再拿出 3 万元现金补足。

至此，该激励对象的实股为 1 万股，期股为 9 万股。

第二年，每股分红为 0.6 元，该激励对象年终期股分红为 9×0.6＝5.4 万元、实股分红为 1×0.6＝0.6 万元，期股分红加实股分红正好用以当年期股 6 万元，无须自己再拿现金补足。至此，该激励对象的实股为 1.2 万股（1 万股＋0.6 万元/3 元），期股为 8.8 万股。

第三年，每股分红为 0.4 元，该激励对象年终期股分红为 8.8×0.4＝3.52 万元，实股分红为 1.2×0.4＝0.48 万元，期股分红加实股分红还不足以购买当年应购期股 6 万元，须自己再拿出 2 万元现金补足。至此，该激励对象的实股约为 2.0267 万股（1.2 万股＋（0.48＋2）万元/3 元），期股为 7.9733 万股。

第四年，每股分红为 0.8 元，该激励对象年终期股分红为 7.9733×0.8＝6.3786 万元，实股分红为 2.0267×0.8≈1.6214 万元，期股分红中的 6 万元将用以购买当年应购期股 6 万元，剩余的 0.3786 万元留作下一年购买期股用，实股分红 1.6214 万元作为投资收益当年以现金形式支付给职工。至此，第四年该激励对象持有的期股与实股数量不变，实股为 2.0267 万股，期股为 7.9733 万股。

第五年，每股分红为 0.4 元，该激励对象年终期股分红为 7.9733×0.4＝3.1893 万元，实股分红为 2.0267×0.4＝0.8107 万元。期股分红加实股分红以及去年期股红利留存 0.3786 万元，共计约 4.3786 万元，还不足以购买当年应购期股 6 万元，须自己再拿出 1.6214 万元现金补足。最后，期股计划执行完毕，该激励对象所有期股均转换为实股，共计 10 万股实股。

（三）期权

在股权激励的众多激励模式中，期权激励是餐饮企业最具典型意义而获得广泛实践的激励模式。期股是现在交钱，解锁后拥有的工商股；而期权是未来交钱，行权后拥有的工商股。

1. 期权行权

期权也称认股权，是企业赋予激励对象以约定的价格和时间购买企业股份的一种权利，即企业在与激励对象签订合同时，授予激励对象未来以签订合同时约定的价格购买一定数量的企业普通股的选择权。

激励对象有权在一定时间后出售这些股权，获得市价和行权价之间的差价，也可以放弃购买。其行权条件一般包括以下 3 个方面。

（1）时间方面。需要等待一段时间，一般等待 1~3 年。

（2）目标方面。股东或餐饮企业无偿授予激励对象一定份额的股权或一定数量的股权，如果激励对象由于达到了企业设定的经营目标而被企业授予实股，那么这种股权也可以被称为业绩股权，激励对象获得经营业绩股权并享有分红权。

（3）激励对象方面。为了避免激励对象的短期行为，餐饮企业可以规定实股所有权保留期，在保留期满后，符合授予条件的，由企业向其发放股权登记证书或者前往工商局办理股权变更登记手续。

案例 25：菜品创新师的行权

某餐饮企业授予菜品创新师张青 5 万股期权，授予价格为 2.0 元/股，约定二年后可以行权。

如果二年到期后该餐饮企业经营良好，假设当年的期权价格为 4.0 元/股，则张青须出资金额 5×2＝10 万元，账面溢价（4.0-2.0）×5＝10 万元。

如果二年到期后该餐饮企业经营较差，假设当年的期权价格为 1.0 元/股，因为低于授予价格 2.0 元/股，张青可以决定放弃行权。

2. 期权实施步骤

（1）确立激励对象。

确定激励对象的范围和人数。激励对象的范围要慎重考虑，既要基于餐饮企业的现实状况，又要考虑长期发展的需要，内部人才和外部资源相结合。

（2）设计期权激励方案。

激励方案要考虑对激励对象的各种进入条件，对股权来源和数量的规定，对各类日期的规定，对行权价格和行权条件的规定，对行权程序的规定，对权利义务关系的规定，以及对一些特殊状况处理方法的规定。

（3）权力机构通过。

期权方案制作完成后，应当及时提交决策机构审议表决，经符合企业章程的股东会议表决通过，将方案上升为企业意志。董事会按照股东会通过的决议方案，完成对激励对象的股票期权授予，同时，董事会根据股东会的授权办理完成登记、公告等期权的程序授予事宜。

（4）签署协议，行权申请。

首先，期权授予激励对象时，企业需与其签署具有法律效力的《期权授予协议书》，协议书约定了双方的权利义务、载明股权行使条件、数量、期限、违反约定的责任等。此外，企业还要根据激励对象签署协议情况制作期权激励计划管理名册并记载相关信息。

其次，激励对象在期权生效且处于行权有效期内，可以向企业申请行使其相应的股权，并交付相应的购股款项。在此期间，企业应及时跟踪激励对象的业绩考核、激励效果等情况。

（5）确定行权，完成登记。

餐饮企业在对每个激励对象的行权申请做出核实和认定后，按申请行权数量向激励对象定向发行股权，并完成股权登记。

期权作为激励工具时，在餐饮企业成立初期和快速成长期的激励效果一般是很好的。但是行业在衰退期或者走下坡路时，或企业已经进入成熟期之后，如果再使用期权激励，后期维护成本就会大大增加。当期权的激励成本超过了其收益性时，可能还会适得其反，导致企业业绩进一步下滑。

（四）干股

干股并非法律上的概念，它是指未实际对企业进行出资或投资但享有分红的权利。干股的授予对象主要有企业高管、掌握技术的员工及运营人员。

干股是授予对象只能参与分红而不能进行转让或买卖的股份，它的获得是基于双方的约定而取得，而非出资取得，一般遵从人在股在、人走股灭的原则。干股的取得常常会以岗位股或者分红股等方式体现。计划要进行干股分红的餐饮企业，应当在内部建立分红基金。根据本年度业绩实际完成情况，确定当年分红的基金规模，落实实际提取比例和数额。

在设计干股激励方案时，餐饮企业一般根据员工的工作年限、技能、资质、所在岗位以及级别、工作指标、绩效等来确定干股比例。

1. 确定激励对象的当期持股数量

假设我们将岗位股、绩效股和工龄股三个条件作为分股参考，每个条件中又可具体约定分配标准。例如双方可约定，在绩效股中预先确定股权授予者的年度考核绩效指标。年末根据绩效实际完成情况，按比例分别确定最终增加的股权数量（增加股权数量＝本人职位股基数×绩效完成程度×60%）。当年绩效完成情况低于80%的，取消拟授予对象享有当年股权激励计划的资格。

2. 确定分红数

分红基金的提取比例一般是以餐饮企业上年度奖金在企业净利润中所占比例为参照制定的，分红基金提取比例的调整系数定为0.8~1.5。在实际操作中，企业还可以按照当期分红和延期分红相结合的原则分配，这样可最大化减少业绩波动对干股分红所带来的影响。

案例26：分红基金的提取

某餐饮企业在实行干股激励制度，上年度净利润为100万元，上年年终奖金总额为10万元，则首次分红基金提取比例基准如下：

首次分红基金提取比例基准＝（首次股权上年年终奖金总额÷上年度企业净利润）×（0.8~1.5）＝（10÷100）×（0.8~1.5）＝10%×（0.8~1.5）。

则最高线：10%×1.5＝15%；

最低线：10%×0.8＝8%。

而首次分红基金＝股权激励的当年企业目标利润（如200万元）×首次分红基金提取比例，分别对应如下：

最高线：200×15%＝30（万元）；

最低线：200×8%＝16（万元）。

3. 确定干股的总现金价值

确定完分红额度后，餐饮企业可以按照以下公式计算出干股股权总现金价值：干股总现金价值＝当年实际参与分配的分红基金规模÷实际参与分红的虚拟股权总数×持有股数。

例如，当年参与分红的股权总数是5万股，当年分红基金数额为20万元，持股者手中有1000股。根据公式，其当年干股每股现金价值＝200000÷50000＝4元/股。则某餐饮企业员工当年可得到的分红数额为4元/股×1000股＝4000元。

案例27：某餐饮企业的"身份股"

某餐饮企业创建于1998年，以湘菜为主打品牌，无论是在业内还是在消费市场都广受好评。

一直以来，该企业始终坚持不上市的原则，但依旧能够做大做强，主要得益于它有一套完整的全员激励体系。从企业成立之初，领导层就开始摸索企业的股权激励机制，在一番比较之后，最终在 2015 年将干股分红制度作为该企业的股权激励模式，并且覆盖全部员工，包括一线操作工和清洁工，只要是为企业服务的人员，都按照职位等级定"身股"。也就是实施干股分红激励的第一年，向所有两年以上工龄的员工赠送干股，具体操作细节如下。

激励对象：符合激励方案适用范围且在企业工作 2 年以上的员工（从员工入职满 2 年的次月开始），将自动成为身股激励的对象，都可以依据条件拥有一定数量的身股，并依据所持的身股参与集团及其所在事业部的分红。

分红期：分红期为 1 年，即从 2016 年开始，实施每年分红一次，首次分红期指 2016 年的财务周期，以此类推。

分红日：指分红期内对应的分红发放日。确定分红期内的分红分两次发放，每次发放 50%。第一个分红期的分红将在次年分两次发放，次年分红的时间分别为端午节和年底。

额定身股数：企业选择了以员工职位为基础，结合员工岗位价值和贡献采取个性化、保密的身股分配模式，具体由企业人力部门及其他相关部门负责人对各个员工的岗位职责、贡献价值进行评估后开展。（最少 1 股，最多的保密）。

分红身股数：分红身股数是基于某一特定的分红期而言的，它与员工在分红期内的个人综合评定结果及享有身股的月份数有关。具体计算公式：员工分红身股数＝员工额定身股数×员工个人综合评定系数×出勤系数。

员工身股利润构成：用于身股分配的总利润占企业利润总额的 5% 左右（含销售分支机构在内），单个员工的身股分红由集团利润分红和事业部利润分红两部分构成。同时该企业还与员工约定，人在股在，员工离职，干股作废，无须赔偿。

干股作为无偿赠送的股权分红权，使受激励的人员能够与企业股东一同参与分红，同时又无须承担企业的亏损责任。用干股作为激励手段时，需要考虑既要让授予对象真正得到实惠，让股权发挥激励作用，又要防止奖励比例过高而降低企业自身的经营利润。

（五）虚拟股权

餐饮企业的虚拟股权是指企业授予激励对象一种"虚拟"的股权，激励对象可以据此享受一定数量的分红或股权升值收益及其他权利。如果激励对象实现企业的业绩目标，那么他可以据此享受一定数量的分红或股价升值收益及其他权利，但没有所有权和表决权，这种股权也不能转让或出售，在激励对象离开企业时自动失效。实践中该股权由虚拟的股权组成，以记载登记的方式发给激励对象[①]。

1. 虚拟股权模式

从收益的角度看，虚拟股权有三种收益模式，分别为分红权、增值权、分红权+增值权。

分红权：指餐饮企业向符合条件的激励对象授予一定比例的虚拟股份，未来激励对象有权根据企业的分红条件享受这部分股份对应的分红收益。

增值权：餐饮企业给予激励对象可以不通过实际股权买卖，仅通过虚拟股权的认购来实现的权利。在授予激励对象时，以授予时的净资产为虚拟行权价格，激励对象在规定时间内根据其持有的虚拟股份份额，享受对应的净资产的增加值收益。

分红权+增值权：是餐饮企业向符合条件的激励对象授予一定比例的虚拟股份，激励对象有权享有该股份对应的分红收益和增值收益。

虚拟股权的本质是激励对象享有餐饮企业分红权的一种凭证，是激励对象与企业股权价值增长相关联的激励模式，适合现金流充裕的非上市企业。虚拟股权的价格由企业或者企业外聘的专家顾问根据企业的情况来确定，一般每年确定一次。激励对象获得的虚拟股权收益为持有股权兑现的分红及虚拟股权的升值。

2. 虚拟股权的实际应用

餐饮企业如选择虚拟股权作为激励，可以参考如下实施步骤。

（1）虚拟股权的激励对象。

在利用虚拟股权作为工具进行激励时，首先应明确是要将哪些人作为激

---

① 陈吉. 关于餐饮企业股权激励策略的研究［J］. 中国总会计师，2012（05）.

励对象。

在餐饮企业创立之初，可以给予虚拟股权的是餐厅的核心技术人员、外部资源者或者一定范围的员工。企业进入成长期后，如果员工人数超过百人，那就不建议选择全员激励（全员持股）。股权是珍贵的激励资源，一定要将其用在最大化完成企业目标的人身上。虚拟股权激励的对象应选择那些业绩好、潜力大、能给企业带来更大效益的员工，而不是依据工作年限、学历高低等与实际贡献关系不大的因素。

（2）持股数量变化依据。

在分配持股数量时，餐饮企业要明确激励对象达到什么条件时应持有多少虚拟股权。常见的确定持有虚拟股权数量的相关因素有绩效和职位。如果考虑激励对象的发展潜力，也可以加入学历、资质证书等因素。

案例28：红星公司的差异化虚拟股

红星餐饮公司根据激励对象的绩效和职务，规定每年可购买的虚拟股权数量上限如表3-4所示。

表3-4　　　　　　　　　红星餐饮公司差异化虚拟股

职务	绩效（股）		
	A	B	C
领导层	3000	2000	1000
管理层	2200	1500	800
骨干、技术人员	1500	900	300
一般工作人员	1000	200	0

从表3-4中我们可以看到，随着激励对象的职务和绩效变化，其持有的虚拟股权数量也会随之变化。

3. 虚拟股权分红总额

一般来说，分红基金提取与净利润和年终奖有关。因此，企业在做股权激励时应先设立类似股权分红的奖金池，然后根据分配规则来确定具体分红总额。

案例 29：股权奖金池的分配

红星餐饮公司根据上一年度的年终奖金和净利润确定分红奖金池，计划用 0.8~1.5 的激励系数计算分红奖金池的比例。

企业上年度的净利润为 5000 万元，当年给激励对象的年终奖金为 500 万元，年终奖金与净利润的比值为 10%。

则该年度分红奖金池最高的比例为 10%×1.5＝15%。

分红奖金池最低的比例为 10%×0.8＝8%。

则可以得出当年度虚拟股权的奖金池最高为 500×15%＝75 万元，最低为 500×8%＝40 万元。

4. 激励对象分红金额

虚拟股权的每股金额＝当年拟发放的分红奖金池÷拟参与分红的虚拟股权总数。

由此可以得出激励对象分红金额等于持有参与分红的虚拟股权总数×虚拟股权的每股分红金额。

举例来说，红星餐饮公司年终拟发放分红 70 万元，参与分红的虚拟股权总数为 5 万股，张三持有企业虚拟股权 2000 股。张三当年应得的虚拟股权分红金额为 0.2×（70÷5）＝2.8 万元。

虚拟股权激励可以附条件、中长期地伴随企业成长，它避免了以变化不定的股票价格为标准去衡量企业业绩和激励对象。虚拟股权操作方便，不会影响股权结构，但由于企业用于激励的现金支出较大，会影响现金流，毕竟不能保证股权激励都能带来持续的高增长和高利润，这一点尤其需要注意。

（六）业绩股权

业绩股权是股权激励的重要模式，它是根据企业年初制定的业绩目标而相应分红的。如果激励对象经过努力实现目标，则授予其一定数量的股权或提取一定比例的奖励基金购买股权授予被激励对象，业绩股权激励具有长期激励的效果。

业绩股权的流通变现通常有时间和数量限制，规定有相应的兑现周期和兑现比例。一般在锁定一定年限、经业绩考核通过后才可以兑现。在实行该项激励时还需要考虑激励范围和激励力度是否合适的问题，既要综合考虑各种影响因素，又要努力实现激励成本、激励效果和企业现金流压力的平衡。

业绩股权激励有以下优势。首先，该方式激励作用明显。为了获得收益，激励对象会努力达到企业预定的业绩目标；另外，业绩股权没有前期金钱成本，激励对象接受度更高。其次，该方式对激励对象的自我约束作用突出。激励对象获得股票的前提是达到一定的业绩目标，有严格的业绩目标约束权、责、利。最后，业绩股权不受股市行情的影响，通过企业权力机构即可实施，可操作性强。

业绩股权通常与其他股权激励计划联合使用，激励的重点在于对企业业绩有直接影响的关键人员。业绩股权模式还可以变通使用，就是将奖励给经理人的股权变成奖励现金，这种变现模式又叫作业绩单位模式，业绩单位的适用范围与业绩股权是一样的。

（七）限制性股权

限制性股权是指企业按照预先确定的条件授予激励对象一定数量的本企业股权，激励对象只有满足一定条件或完成业绩目标，才可以出售限制性股权并从中获利。这是第一类限制性股权。

第二类限制性股权是指符合股权激励计划授予条件的激励对象，在满足相应获益条件后分次获得并登记的企业股权。与第一类限制性股权不同的是，第二类限制性股权授予时不出资，归属时才出资，价格可自主决定[①]。第二类限制性股票在科创板中运用得比较多，截至2020年年底，共有284家企业实施了股权激励，其中科创板的34家企业均选择了第二类限制性股票。

餐饮企业采用限制性股权激励时需要关注两点，一是对团队主要成员或者关键员工的奖励，二是让激励对象与企业共同成长。限制性股权的本质是给予激励对象股权，但需要对其出售作出一定的限制，在没有满足确定的条件时不得出售。

---

① 2020年6月，证监会发布了创业板注册制改革的一系列相关制度规则，其中，《创业板持续监管办法》对科创板的股权激励范围进行了调整——扩展了可以成为激励对象的人员范围，放宽限制性股票的价格限制，并进一步简化限制性股票的授予程序。

1. 限制性股权实施激励目的

限制性股权作为股权激励的一种典型方式，目的在于吸引核心人才的加入。如果企业处于快速发展阶段，但盈利状况不佳或者尚未实现盈利，那么限制性股权对于人才的吸引力相对较小，激励效果可能不佳。

2. 确定股权授予价格

对餐饮企业而言，限制性股权授予价格的确定相对简单，没有上市企业的诸多监管限制，只要企业股东协商一致且符合法律的要求就可以。这也是餐饮企业实施股权激励的一个很重要优势。现实中确定股权授予价格有 3 种方法，一是委托中介机构（会计师事务所、企业咨询公司），根据企业的各项财务指标确定股权价格；二是假设企业股票上市，可以模拟市场运行对股权进行定价，运用相对价值模型如市盈率、收入乘数、市净率等计算确定；三是以每股净资产价值为基准，予以适当调整后作为股权的授予价格。

3. 限制性股权的行权

限制性股权通常为企业一次性授予激励对象，分期解锁套现。激励对象可以享受持有期（含锁定期和解锁期）内分红收益及股东的投票权利，因此锁定期和解锁期等时间安排比股票期权的激励方式更加灵活。授予及行权的考核条件应当在考虑股东接受程度的前提下，根据企业和市场的实际情况确定。

4. 限制性股权的来源

餐饮企业可以采用股权转让的方式解决激励对象的股权来源问题。让激励对象有一个较长的服务期限是利用限制性股权作为激励手段的一个重要目标，一般而言，服务周期以 3 年到 5 年为宜，时间人短达不到留住激励对象的目的，也容易引起短期行为；时间过长不确定性增大，如果企业经营发生变化，行权条件与发展要求会不匹配。

案例 30：超额激励，让一家海鲜餐厅一天翻台 13 遍

天津的一家海鲜餐饮企业做了科学分股方案。方案实施之后，效果非常明显，日营业额大幅增长。企业旗下一家经营面积约 400 平方米、人均消费不到 100 元的餐厅，在 2019 年 5 月 2 日当天翻台 13 遍，营业额达 12.8 万元。这家餐厅日均营业额也比激励之前增长了 300%。创始人笑称这家餐厅吃饭的客人能排队二里远，被称为"餐饮界的印钞机"。

根据企业的实际情况，按照此方案员工无须出资，即可享受分红，企业利润越高，员工分配的比例越高，收入不设上限，因此得到业界的普遍认可。具体方案如下。

（1）确定入股对象。

入股对象分别为门店的店长、厨师长、值班经理以及总部管理岗位，包括运营部、出品部、财务部、后勤部、人资部、采购部。

（2）确定分红比例。

①设定利润指标：该店面投资总额为160万元，按照一年半即18个月收回投资计算，设定店面年利润指标为108万元。

②确定企业与员工之间的分红比例。

A. 店面年利润在员工和老板之间的分配比例如表3-5所示。

表3-5　　　　　　　年利润在员工和老板之间的分配比例

年利润	员工	老板
108万元以下部分（含108万元）	30%	70%
108万元以上部分	50%	50%

B. 在员工分得的利润部分，门店员工与总部员工的分配比例为各50%（如表3-6所示）。

C. 在门店员工分得的利润部分，店长分40%，厨师长分30%，前厅经理分20%，预留10%（如表3-6所示）。

D. 在总部员工分得的利润部分，运营部12%，采购部13%，出品部42%，财务部6%，人资部6%，后勤部6%，并预留15%作为机动奖金（如表3-6所示）。

表3-6　　　　　　　门店员工与总部员工的利润分配比例

员工利润	门店员工50%				总部员工50%						
岗位	店长	厨师长	前厅经理	预留	运营部	采购部	出品部	财务部	人资部	后勤部	机动奖金
比例	40%	30%	20%	10%	12%	13%	42%	6%	6%	6%	15%

③数据推算：利润在108万元以内的部分，员工分得30%；利润在108万~150万元的部分，员工分得50%。把分得的这两部分利润相加，将其中的50%分配给门店员工，再将分配给门店员工利润的40%分配给店长。

假设2019年门店的利润为150万元，则店长分得的利润为［108×30%＋（150-108）×50%］×50%×40%=10.68万元。

假设2019年门店的利润为400万元，则店长分得的利润为［108×30%＋（400-108）×50%］×50%×40%=35.68万元。

假设店长的年基本工资为9.6万元，以2019年门店利润为150万元对店长的年收入进行测算，结果如表3-7所示。

表3-7　　　　　　　　　　店长的年收入（演算）

年份	2018	2019	2020	2021	2022	2023
基本工资（万元）	9.60	9.60	9.60	9.60	9.60	9.60
预估年利润（万元）	150.00	150.00	150.00	150.00	150.00	150.00
目标年利润（万元）	—	108.00	108.00	108.00	108.00	108.00
超额部分（万元）	—	42.00	42.00	42.00	42.00	42.00
奖金总额（万元）	—	53.40	53.40	53.40	53.40	53.40
门店比例（%）	—	50.00	50.00	50.00	50.00	50.00
店长比例（%）	—	40.00	40.00	40.00	40.00	40.00
店长干股分红（万元）	—	10.68	10.68	10.68	10.68	10.68
年收入（万元）	9.60	20.28	20.28	20.28	20.28	20.28
股改前店长五年收入（万元）	48.00					
股改后店长五年收入（万元）	101.40					

④利润发放方式：即时奖励，利润按月发放，员工当月分得利润的50%，剩余的50%在年底时一并发放。

通过老板和员工共赢的方案，大大激发了大家的工作热情，员工不再是干多干少一个样，而是努力把蛋糕做大，共同创造更大的增量市场。

案例31：一家传统餐饮集团的合伙制改造之路

一家餐饮集团成立15年，经营火锅、中餐、洗浴、足疗四项业务。2018年营业额10亿元，利润1.5亿元。其中，各项业务的利润分别是8000万元、

3000 万元、2000 万元、2000 万元。

基于企业的现有规模及发展态势，集团创始人有上市和对追随多年的员工进行激励的想法。我们为这个集团设计了三级合伙人激励体系，分别是总部合伙人激励方案、事业部合伙人激励方案、门店合伙人激励方案。

（1）总部合伙人激励方案。

对集团有贡献的核心高管，如集团总经理、副总经理、财务负责人等，可以在集团持股，但不直接持有集团公司的股权，而是通过特别设立的持股平台间接持有集团公司的股权。这部分人员只能在集团公司持股，且 10 年之内不能转让、不能离职，否则企业将其股权原价收回；10 年以后，可以自由转让。

根据集团 2018 年的利润推算 10 年后企业的盈利状况：企业业绩的增长率是每年 20%，按此发展速度，10 年后的利润达到 10 亿元没有问题。按上市企业 10 倍的市盈率计算，届时集团市值至少 100 亿元。如某一合伙人有 1% 股权，则股权价值 1 亿元，这对合伙人的激励作用巨大。

（2）事业部合伙人激励方案。

事业部的核心负责人分别在各事业部持有股权，根据各负责人在事业部的重要程度，给予其团队 10%~40% 不等的股权，并实行动态股权回购机制。以火锅事业部为例，2018 年火锅事业部利润是 8000 万元，火锅事业部的管理团队持有火锅事业部 10% 的股权。如果未来五年火锅事业部能持续盈利 1 亿元，集团按该利润的 6 倍回购其所持有的 10% 的股权；如果能持续做到 1.1 亿元，按 8 倍回购其股权；如能持续做到 1.2 亿元，按 10 倍回购其股权。

火锅事业部某一合伙人占股 5%，假设该事业部达到 1 亿元的利润，则估值是 6 亿元，集团回购其股权的金额为 3000 万元；如果达到 1.2 亿元的利润，估值为 12 亿元，则回购价为 6000 万元。

此估值方法符合资本市场的估值方式，这样的方案对员工的激励作用相当强烈。

该方案同时设定了 5 年锁定期，锁定期满合伙人选择离开，集团公司将按上述方案回购其股权；如果选择留任，则继续持有股权。若达到约定的利润目标，还可以成为总部合伙人。

（3）门店合伙人激励方案。

门店合伙人与事业部签订 5 年期激励协议，其奖励与门店的利润相关联。以每个门店 2018 年的利润为基准，年利润低于该基准的，合伙人只领基本工资；利润超出该基准 1 倍以内的，奖励该部分利润的 20%；利润超出基准 1 倍以上 3 倍以下的，奖励该部分利润的 30%；利润超出基准 3 倍以上 5 倍以下的，奖励该部分利润的 50%；利润超出基准 5 倍以上的，该部分全部作为奖励。

每年业绩排名前 20% 的门店合伙人享有选择权，可以选择领取奖励，也可以选择将奖励转换为事业部的股权，股权比例按奖励金额的 3 倍计算配置。

一般情况下，选择高奖金低股权甚至不要股权的员工可能打工心态多一点，对企业未来没有信心或不打算长期在企业工作。选择不要奖金全部要股权的员工，应该是对自己及企业未来信心满满，此类人才可以重点培养。因此，员工做出的选择可以作为企业筛选培养对象的参考。

机制公布后，集团上下都被调动起来，员工的心态从花创始人的钱办创始人的事，转变为花自己的钱做自己的事，工作热情得到极大提升，企业效益明显提高。

五、餐饮企业股权激励中的六大常见问题

（一）餐饮企业股权激励数量——公司的估值

案例 32：李家烤鱼餐饮企业股权激励

21 世纪，餐饮是创业的好项目，所以很多人创业会选择餐饮业。5 年前，李联华从国外留学回来后，最开始打算进入世界 500 强企业，做一名专业设计师。不过，最后阴差阳错，他却开起了餐馆。

原来，他的父亲经营了一家烤鱼店。父亲手上有秘方，做出的鱼香辣可口，鲜嫩诱人。但他父亲一直做的都是小本生意，几十年都没有大的发展。而父亲唯一的心愿就是让儿子将李家烤鱼发扬光大，让更多人知道李家烤鱼，喜欢吃李家烤鱼。不过，李联华是学设计的，对经营餐馆毫无兴趣，而且他认为自己的目标是大城市，不会在小镇里耗费光阴。

父亲的意外去世，让他突然醒悟过来。以前，他总和父亲吵吵闹闹，但父亲从来没少过他留学的一分钱。他在外留学时没有打过工，只专心于学业。

如今父亲不在了，他才感到了"子欲养而亲不待"的心痛。于是，他有了把父亲的李家烤鱼做大做强的想法。

辞职后，李联华开始琢磨做大做强的具体方法。他认为，想做大做强，如果还像以前一样经营是不行的，一定要扩大规模。可是，父亲只留下300万元存款，要扩大店面，资金完全不够。这时，他想到了招募合伙人。要知道，李家烤鱼在当地非常有名，很多人都有入股的想法，只不过之前被李联华父亲拒绝了。当李联华招募合伙人的消息放出去后，有很多大企业的老板都投来了感兴趣的目光。

最后，李联华选择了其中两个知名又有责任感的老板。一个叫张谦，是一家信息企业的老板；还有一位叫李静，是一家设计企业的董事长。这两位分别投资了100万元和80万元（如图3-5所示）。就这样三人成立了李家烤鱼餐饮企业，李联华成为企业最大股东，兼任企业董事长。企业的三位董事都没有经营餐饮业的经验，所以这时聘用人才是关键。

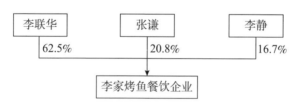

图3-5　李家烤鱼餐饮企业最初的股权结构

餐饮企业成立后，李联华亲自进行招募。他首先把以前为父亲掌厨的李师傅留了下来，之后他又从别的公司挖来了一个高级餐饮经理人，还聘用了一些其他方面的人才。

李家烤鱼餐饮企业店面装修得体，环境优雅，主营的烤鱼味道更是一绝。如此一来，企业发展迅速，短短5年就成为餐饮界的奇迹。如今，企业的年营业额超过1亿元，年利润高达3000多万元。

李家烤鱼餐饮企业创立时只投资了480万元，如今年利润翻了近10番，在业界成为传奇。不过，李家烤鱼餐饮企业的成功，除了拥有烤鱼秘方，做出美味的鱼，还少不了企业中几位副总的费心劳力。后来因为业务需要，企业聘用了几位副总。他们在餐饮业拥有丰富的经验，而且进入企业后，把企业当成了自己的家，全心全意为企业服务，没有他们的努力，也就没有李家烤鱼餐饮企业今天的辉煌。

随着企业扩大规模开分店，更需要留住这些人才，因此三大股东决定通过股权激励，让企业上下一心。但要进行股权激励，就需要对企业进行正确估值，那如何估值才能更好地进行股权激励呢？

结合实际应用，餐饮企业实行股权激励时常用的估值方法有市盈率估值法、市销率估值法、收益估值法以及综合考虑净资产、净利润和销售额因素。下面简要介绍基于这几种估值方法的应用。

1. 以净利润为依据的市盈率（P/E，价格/利润）估值法

这种方法适用于成熟或有利润的企业，估值采用的利润是预测或承诺未来企业全年的利润。P/E 法对公司估值的公式：$EV=P×PE$，P 是年度净利润；PE 是所取的市盈率。即：

企业价值＝企业未来 12 个月利润×预测市盈率

企业未来 12 个月的利润可以通过企业的财务预测进行估算，估值的最大问题在于如何确定市盈率。一般来说，预测市盈率是历史市盈率的一个折扣。比如 NASDAQ 某个行业的平均历史市盈率是 40，那么预测市盈率大概是 30；对于同行业、同等规模的餐饮企业，参考的预测市盈率需要再打个折扣，15~20 左右；对于同行业且规模较小的初创企业，参考的预测市盈率需要再打个折扣，就成 7~10 了。这也就是国内主流的外资 VC 投资对企业估值的大致 P/E 倍数。[①]

在餐饮企业的投融资实践中，市盈率估值法极其简单，是应用最广泛的估值方法。市盈率的高低可以用来衡量投资者承担的投资风险，市盈率越高就说明投资者承担的风险相对越高。当然仅用市盈率作为投资决策的标准是远远不够的，投资者还应该参考其他因素。

案例 33：蓝星餐饮公司的融资估值

蓝星餐饮公司计划 2022 年进行一次外部融资，预测 2023 年度的利润是 100 万元，根据同类行业推算出市盈率为 10，那么这个公司预测估值：$EV=P×PE=100$ 万元×10＝1000 万元。

如果外部投资人投资 30 万元，企业出让的股权就是 30 万元÷1000 万元＝3%。

结果投资一年后，12 个月的实际净利润是 50 万元，此时，企业实际总市

---

① 参见公司估值，载百度百科，2022 年 12 月 28 日访问。

值＝实际业绩×n倍市盈率＝50万元×10＝500万元。

此时，投资人3%的股权实际价值应该是500万元×3%＝15万元。在投融资双方签订对赌协议的情况下，如果实际业绩＝预估业绩，则预付投资金额＝应付投资金额，企业估值和投融资双方的利益就不存在调整的必要；如果实际业绩小于预估业绩，则被投资方应返还投资方多付出的入股金额即投资补偿款＝实际入股金额－应付入股金额。就本示例而言，投资补偿款＝30万元－15万元＝15万元。

2. 以销售额为依据的市销率估值法

市销率法也属于倍数估值法，适用于对亏损或微利的成长性企业进行估值。其估值公式为$EV＝S×PS$，其中，S是年度销售收入，PS是所取的市销率倍数（$PS＝$总市值÷主营业务收入或者$PS＝$股价÷每股销售额）。即：

股权总价＝年度总销售额×市销率

以销售额为依据定价，激励目标明确，就是要员工努力提高销售额。

对激励对象来说，相对于净资产和净利润，销售额数据的可信度更高。

对于有收入但是没有利润的餐饮企业，市盈率定价法就没有意义。

3. 以投资回报为依据的收益估值法

收益法是指投资的回报率。收益率＝每股收益÷每股价格。初创期收益率较高，因为在理论上投资的风险和收益成正比，风险越大，收益越高。后期随着企业发展进入稳定阶段，收益的回报逐渐平稳甚至走低。一般认为，企业的早期收益率在40%～60%，晚期收益率在30%～50%，更成熟企业的收益率在10%～25%。

餐饮企业进入盈利阶段后，各项业务已经发展成熟，如要进一步发展，外部融资变得比较常见。如果进行融资的话，大多数餐饮企业一般都倾向于向金融机构贷款。成熟企业的客户、产品、技术、渠道、管理都很稳健，一个稳健的企业市盈率会趋高。

4. 综合考虑净资产、净利润和销售额因素

餐饮企业在实行股权激励时，如对净资产、净利润和销售额有考核要求，可在确定股权价值时，对净资产、净利润和销售额分别赋予不同的权重，即：

股权总价＝净资产×a＋净利润×b＋销售额×c

归根到底，对企业价值的评估其实就是计算现在的价值和预测企业的未

来价值，即：

企业价值=现值+未来增长的价值折现

如果会计报表能够真实反映企业的资产状况，那么企业可参考的现值就是资产负债表中的股东权益。如果企业有诸如知识产权等无形资产的，可在评估基础上计入企业的现值。

5. 估值需综合考虑多方因素

餐饮企业的估值要挑一个或几个与餐饮企业同行业或可参照的目标，以同类企业的股价及财务数据为参考，综合考虑净资产、净利润和销售额等因素，计算出主要财务比率，然后用这些比率作为市场价格乘数来推断目标餐饮企业的价值。在实践中，我们可以梳理和调整企业过去的财务账目，再结合未来一年的预测数据进行估值。

6. 实战演练：餐饮企业的估值及价格确定

企业股权总价计算涉及的术语如下。

社会平均收益率：$a\%$。

社会平均投资回报期：d。

企业净资产收益率：$b\%$=净利润×2/（年初净资产+年末净资产）。

净资产：V。

股权总价：P。

假设社会平均收益率为12%，红星餐饮公司净资产收益率为15%，净资产为200万元，则企业股权总价计算如下。

第一步，由社会平均收益率得到社会平均投资回报期：

$$2 = (1+a\%)^d$$

$$d = \log(1+a\%)$$

简便计算公式为 $d = 72/a$。在知道了每年增长率，来计算多少年翻一倍。很容易计算出6年后市值翻一倍，即 $6 = 72/12$。

注：若知道行业平均收益率，则用行业平均收益率代替社会平均收益率。若知道行业公认可接受的投资回报期，则此步骤可省略。

第二步，计算在社会平均投资回报期内企业资产终值：

$$F = V(1+b\%)^d = 200(1+15\%)^6 = 460（万元）$$

第三步，将企业资产终值按社会平均收益率进行折现：

$$P = F/(1+a\%)^d = 460/(1+12\%)^6 = 233（万元）$$

企业股权总价为 233 万元。如果总股本设定为 233 万股，则每股价格为 1 元。

第二年，企业净资产变为 230 万元（第一年的净资产收益率为 15%），净资产收益率变为 20%，计算企业股权总价：

第一步，由社会平均收益率得到社会平均投资回报期：

$d = 72/12 = 6$（年）

第二步，计算在社会平均投资回报期内企业资产终值：

$F = V (1+b\%)^d = 230 (1+20\%)^6 = 688$（万元）

第三步，将企业资产终值按社会平均收益率进行折现：

$P = F/(1+a\%)^d = 688/(1+12\%)^6 = 349$（万元）

第二年企业股权总价为 349 万元，如果总股本仍然为 233 万股，则每股价格为 1.5 元。

在股权融资过程中，对企业估值要注意防范风险，投融资双方需要注意的是：

①投资方。

第一，投资方要通过各种途径对目标企业进行了解，并实地查看企业相关数据，尽力减小估值偏差。

第二，与目标企业的上下游渠道接触，核实其真实的市场情况。

②融资方。

融资方要根据自己的情况来客观地估值，否则有如下风险。

第一，企业的高估值意味着高回报的要求，企业团队为了完成短期的业绩目标，可能会影响企业的长期计划。

第二，目标企业如过分抬高企业估值，会有稀释自己股权的可能。因为融资协议一般都设有反稀释条款，如果过分抬高企业估值容易使企业在后期出现融资僵局。

第三，目标企业估值过高，不切合实际，会对企业实事求是的文化造成冲击，不利于企业的长远发展。

（二）个股数量的确定

分量是每个参与股权激励的员工所分配的股权数量。对个股进行估值时，必须考虑股权的期望收益率和流向股东的现金流。我们可以从不同的方面进行考量，例如从岗位价值的重要程度、个人能力的大小、历史贡献的多少、市场稀缺程度、文化认同度等。在定量时也可以将这些转换成指标，比如薪酬（岗位价值）、绩效（个人能力）、本单位工龄（历史贡献）等指标各自所占的比重。分量还要考虑未来企业的总市值，以及给予员工股权的未来价值等。

在所有因素中，业绩指标是设定的关键，如不能有助于企业盈利目标的实现，会导致股权激励的效果大打折扣。在实践中，业绩指标的考量因素主要有：

（1）业务收入增长率；

（2）净利率、毛利率或净利润的增长率等；

（3）投入产出比、销售额、食材存货周转等；

（4）业务、产品的现金流量、流动资本量、应收账款周转率等。

通过上述指标来计算激励对象的个股分配系数，得到某一激励对象的分配系数占全体激励对象总分配系数的比例，即该激励对象获授股权数量的比例。

授予数量＝该激励对象的分配系数÷总分配系数×激励总量

除了业绩考核，价值观考核、团队建设考核、品德素养考核等都应该是考核的备选项之一，因为餐饮企业的发展是全方位的，短期效益和长期规划要统一，个体成长与企业进步要协调。

餐饮企业一般没有薪酬与考核委员会，但要设立专门机构来实施考核、监督股权激励机制的运行。企业根据考核结果和其他参考因素来确定被激励对象的股权授予、行权或解锁数量。

案例34：绿地餐饮公司的股权激励

绿地餐饮企业计划将该公司的三类人作为激励对象，为其打造了三种计算方法，用以针对不同激励对象。具体方案如下：

（1）针对高管。

高管个人分配系数＝不可替代性系数×60%＋职级系数×30%＋其他×10%

（2）针对菜品师傅及技术人员。

这类激励对象个人持股数额的分配按其承担责任、工作能力、业绩，具体量化予以确定。

个人得分值=个人贡献系数×（岗位等级分+技术输出分）

其中：

①个人贡献系数根据个人总体贡献及激励期权总额度综合评估。

②岗位等级分：企业高管6~9分，技术人员5~10分；餐饮业务部门负责人4~9分；其他环节部门负责人5~7分。

③技术输出分：此项是鼓励激励对象在工作中深入学习并对自己的知识和技能进行有效输出，比如各种人才、服务改进创新等，A档3.5~5分，B档1.5~3分，C档1分。

（3）针对考核在前10%的员工。

个人得分值=个人工作考核结果×70%+工龄分×10%+学历分×20%

当激励对象的岗位重要性、考核要素发生变化时，激励对象的激励股权额度根据实施方案做出相应调整，并经相关机构认定。激励对象的激励股权若发生调整，不影响其已行权部分。

（三）股权代持问题

股权代持是指实际出资人与名义出资人约定，以名义出资人名义代实际出资人履行股东权利、承担股东义务的一种股权或股份处置方式。实际出资人也称为实际股东，名义出资人也称名义股东。股权代持在企业初创期、成长期、成熟期、IPO前期，甚至上市后均存在。《公司法》规定有限责任公司由1个以上50个以下股东出资设立。如果有限责任公司要实行内外部超过50人的股权激励，就会触碰法律禁止性条款。通常情况下，餐饮企业会采用间接持股方式来解决，员工不直接以股东身份持股，而通过职工持股会、工会、自然人代持（股权代持）的方式解决。

股权代持协议的法律效力包含投资权益与股东身份关系两个方面，根据相关司法解释，实际股东主张投资权益的，如无《民法典》第一百四十八条至第一百五十四条情况的，则应当认定为有效，但不能对抗善意第三人；实际股东要求确认其股东身份并要求登记为记名股东的，还须经公司其他股东半数以上同意。该条是针对有限责任公司的规定，在效力认定上，合伙企业及股份有限责任公司可以参照之。

（四）绩效考核问题

绩效考核是餐饮企业对激励对象绩效、贡献的考评以及在此基础上决定其股权分红、层级晋升的依据。而股权激励是餐饮企业薪酬体系的一部分，同时又以企业绩效制度为依托。绩效考核方法从广义上分为两种：一种是只针对某类员工进行考核，另一种是在企业设置绩效考核方法进行全员考核。一般来说，企业内部绩效考核内容主要有：明确考核周期（以年还是以项目）、编制考核计划，建立考核体系；实施考核；统计考核结果以及运用考核结果；修正、改进考核体系，将修正后的考核体系运用到下一次考核中。

通过实施股权激励，餐饮企业可以优化员工的薪酬体系，多角度多层级激励员工。核心成员及激励对象的工资所得除了固定薪酬，还包括企业股权收益。原有的薪酬是基于激励对象过去的表现所给予的报酬，而股权激励更多的是对激励对象未来创造更大价值的展望，因此这两部分是并行且不可相互替代的。

1. KPI 考核法

KPI 考核法指通过设定关键目标来实现绩效管理的方法。按管理主题来划分，绩效管理可分为两大类：一类是激励型绩效管理，侧重于激发员工的工作积极性，比较适用于成长期的企业；另一类是管控型绩效管理，侧重于规范员工的工作行为，比较适用于成熟期的企业。

（1）确定关键绩效。

餐饮企业需要根据激励对象的主要工作内容，确定他们的关键绩效：对于服务人员，我们应该主要考核服务的人数或者桌数，以及顾客对菜品和酒水饮料的消费数量；对于厨师，主要考察的应该是烹饪菜品的数量，以及顾客对菜品的评价。

（2）明确考核目标。

在确定了员工的主要考核项目之后，还需要明确考核目标。一般情况下，餐饮企业的绩效考核目标基本以月为单位由各部门自主决定，而各部门的月度目标通常是年度或者季度目标的分解。在实践中，部门主管的月度绩效目标需要由直接上级主管部门签字批准，而员工的月度目标也需要经过直接主管签字确认（如表 3-8 所示）。

表 3-8　　　　　　　　　　**目标设定与绩效评估表模板**

2019 年　 月目标设定和绩效评估表

姓名：		职位：		设定日期：	
部门：		直属上级：		评估人：	

分值说明："1 分"，工作成果远远没有达到工作目标的要求（60 分以下）；"2 分"，工作成果不能达到企业的业务期望值 60%~80%；"3 分"，工作成果能够达到企业的业务期望值 80%~100%；"4 分"，工作成果一贯达到或偶尔超过企业的业务期望值 10%；"5 分"，工作成果高于企业的业务期望值 100%

第一部分 A：业绩目标（总权重 90%）

序号	月度目标	权重%	评分 （1~5 分）	成果描述	自评得分	评估人 得分
1						
2						
3						
4						
5						

（3）过程管控。

绩效评估目标确认之后，餐饮企业还需要对评估过程进行管控。在股权激励中，考核组应对激励对象工作的执行情况与问题，给予必要的沟通指导，帮助其克服困难完成目标。同时，考核组或者主管领导每月也应该设置特定的时间，与激励对象讨论月度计划的完成情况，沟通的过程需要记录在绩效评估表内，并给予其改进的指导建议。

（4）绩效评估结果。

绩效评估的最后一个环节，餐饮企业要根据激励对象的业绩与既定绩效目标之间的对比，确定员工的工作完成情况。

一般情况下，激励对象的绩效评分都是使用 5 分制来进行分级的：激励对象的工作结果超过了约定标准，可以得到 5 分；激励对象的工作成果达到或者偶尔超过约定标准，可以得到 4 分；激励对象的工作成果达到约定标准值的 80%~100%，可以得到 3 分；激励对象的工作成果达到约定标准的 60%~80%，可以得到 2 分；激励对象的工作成果远没有达到约定标准，可以得到 1 分（如表 3-9 所示）。

表 3-9 绩效评分分级示意

评估级别	杰出	优秀	合格	需改进	不满意
总评估结果	4.5~5分	3.5~4.49分	2.7~3.49分	1.8~2.69分	0~1.79分

2. 平衡计分卡考核法

根据餐饮企业发展要求而设计的指标体系，是从财务、客户、业务运营、学习成长四个层面来衡量绩效的考核方式。

（1）财务层面。作为常用于绩效评估的传统指标，财务业绩指标可以显示餐饮企业的战略及其实施是否为提高盈利水平做出了贡献。

（2）客户层面。与客户服务相关的具体目标，考核应以餐饮企业目标客户和目标市场为导向，专注于满足核心客户需求。

（3）内部运营层面。要确立组织运营关键流程，以吸引和留住目标细分市场的客户，并满足股东对财务回报的期望。

（4）学习与成长层面。餐饮企业的实际能力与实现突破性业绩所必需的能力之间存在差距，员工或激励对象必须采取各种方式来提高技能、学习能力等。

餐饮企业在实施股权激励时，对激励对象考核如下方面：业务流程（业务管理：销售业绩、单位时间业务的提高率等；风险管理：渠道及上下游管理等）、客户（从服务与环境的满意度、服务本身的满意度等）、财务（成本控制、财务分析、降本增效管理等）、创新与学习（从人力资本维度出发，考虑开展后备人才计划/创建良好的工作团队等），将企业的战略目标转化成一套系统的考核体系。

对激励对象的绩效考核，不可能面面俱到。按照重要性原则和成本效益原则，必须结合定量指标与定性指标，关注重要领域。只有科学合理公平的绩效考核才能使被激励者全力投入企业的发展，努力实现自己的绩效目标。

OKR（Objectives and Key Results，目标与关键结果）管理方法是英特尔公司首创的，其目的是帮助组织成员将精力聚焦到重要目标上，从而激活组织动力，提升整体的工作效率，从实施效果看，它有取代传统以绩效考核为主要方法的趋势。

对于餐饮企业来说，制定合理准确的目标并不是难事，无非就是获取更高的收益。但在具体经营中，却经常因为目标不够清晰、执行不够坚决等问题影响工作效率，而OKR管理方法是解决这一问题最好的工具（如图3-6所示）。

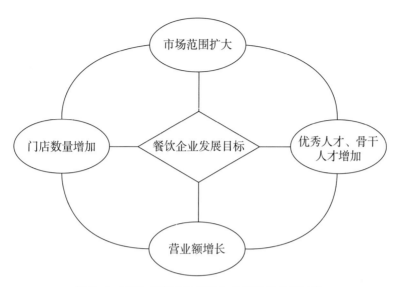

图 3-6　OKR 管理方法目标向关键结果分解示意

首先，OKR 管理方法能够使餐饮企业内部聚焦目标，保持一致。通过沟通和讨论，识别制约业务发展的瓶颈问题，或者找到最值得投入的驱动要素，在一个明确的周期内确定要达成的结果，然后据此安排重要的项目和任务。这个过程是餐饮企业发展战略清晰和聚焦的保证。

其次，OKR 管理方法可以加强跨餐厅各个部门和层级的沟通。在整体层面的目标制定和关键结果分解，以及后续的执行，必然牵涉多个部门的沟通努力。例如，提高餐饮的服务质量，需要食材制作、设备管理和卫生管理全流程的成员共同努力。OKR 管理方法摒弃了针对岗位的独立绩效考核，而是选择将所有部门和员工作为一个整体调动与考核，这样能够充分发挥团队与团队之间、员工与员工之间协作的潜力。

再次，OKR 管理方法对于培养团队成员的目标和结果意识也有突出的作用。对于身处目标实现流程以内的员工来说，可以亲身参与目标的制定与关键结果的分解，并且也能切实体会这种方式对于具体工作的指导意义。随着经验的积累，他们自然会主动在个人的工作中也采取这样的方式进行自我管理。即使是和 OKR 无关的员工，在其他员工的带动下，也会通过观察 OKR 制定的逻辑，培养类似的策略性思考能力。

最后，OKR 管理方法在瞬息万变的餐饮市场中，能够更有效地保证决策的准确性。在 OKR 管理方法实施的过程中，我们会阶段性地对目标和关键结果实现的程度进行考核与复盘，总结经验和教训，不断提高目标制定和关键结果分解的能力，从而逐渐降低决策的失误率。

考核是股权激励中极其关键的一环，激励对象只有达到了考核要求，才能兑现相应股权权益，合理有效的绩效考核制度将关乎股权激励的效用大小。在股权实现的过程中还应考虑企业内部的股权激励方案以及为激励对象设置的上升通道等相关的配套措施。

（五）离婚后股权的问题

近年来，我国的离婚率呈上升趋势，对于餐饮企业股东来说，股权也是其无可争议的财产。婚姻关系存续期间的财产是夫妻双方共同财产（夫妻双方另有约定的除外），离婚后股权的处理，也是比较棘手的问题。离婚不仅影响家庭，还会影响企业的经营管理。

因此在对激励对象进行股权激励前，应当签署相关协议，约定配偶应放弃向企业主张任何股权权利的条款，即激励对象在激励期间涉及离婚的，激励股权不可分割，但是由激励股权所产生的经济利益可由激励对象及其配偶按照法律规定进行分割。因此，合同应尽最大可能确保离婚配偶不干涉企业的经营决策管理，同时保障离婚配偶的经济性权利。

（六）股权激励中的税收问题

2021 年 3 月 24 日，中共中央办公厅、国务院办公厅发布了《关于进一步深化税收征管改革的意见》，数据作为一种新型生产要素被纳入政策范围。以此为契机，税务机关加快税收治理手段的数字化升级和智能化改造，加快推进智慧税务建设。

基于此，税务机关会进一步完善平台经济税收治理的相关配套机制，依托"金税四期"，实现由查漏补缺向实时精准打击发展。构建起顺应第三方共享经济平台发展的科学税收治理体系，实现从"以票管税"向"以数控税"的精准监管转变（如图 3-7 所示）。

1. 以数控税

所谓"以数控税"，就是税务机关以企业在网上的各类收入、支出为参考

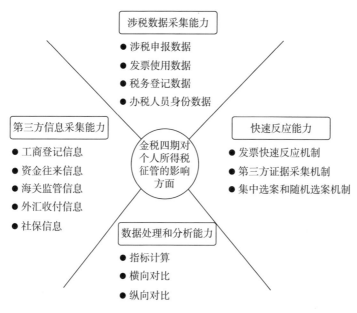

图 3-7 金税四期对个人所得税征管的影响

对象（包括但不限于账户进项、账户支出项、社保人数、工资、知识产权交易、交通运输、股权变更、股权转让等），进而确定这家企业应缴纳的税费。

税收方法的改变也提醒企业在进行股权架构设计、股权投资、股权分配、股权转让、股权激励、股权代持时，需要将税务筹划纳入股权架构和激励方案中。股权构架会直接影响税费的缴纳。

案例35：公司的股权架构决定纳税的差异

如图 3-8 所示，我们可以看到自然人甲、乙、丙、丁持有甲餐饮公司 100%的股权。按照有限责任公司"先税后分"（先根据应纳税所得额缴纳企业所得税，然后根据净利润给股东分配利润）的纳税原则，甲公司的架构非常不利于四位股东。这样的股权架构让甲、乙、丙、丁需要在缴纳 25%的企业所得税之后再缴纳 20%的个人所得税。

而如果设立合伙企业，则是按照"先分后税"（先分配应纳税所得额，再按照税率缴纳个人所得税）的原则，就会使股东在税收方面的负担降低很多。因此，再次股权架构时，需要对甲公司进行拆分，使其只需要承担 20%的税赋即可。

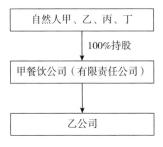

图 3-8　自然人架构

2. 不同主体适配的税收政策

不同类型的企业在有股权投资收益时，需要缴纳的税费也会有所不同。有限责任公司和股份有限公司的股权投资，在取得股权时不需要缴税，取得股权激励分红时，也不需要缴税。公司在转让实施股权激励企业的股权时，需根据《中华人民共和国企业所得税法》的相关规定按照25%的税率（一般税率），以卖出价减去买入价的差额计算并缴纳企业所得税。这里需要注意的是，被激励对象作为个人股东，在持股分红时还是要按照"利息、股息、分红所得"缴纳20%的个人所得税。

在个人独资企业和合伙制企业中，通过股权投资获得的利息或股息、红利，并不算入企业收入，而应该以投资者个人所得计算并缴纳个人所得税，法定税率为20%。

在有限合伙企业中，合伙人都是纳税义务人，这里将合伙人区分为自然人和法人，当合伙人是自然人时需要缴纳个人所得税；当合伙人为法人或其他组织时需要缴纳企业所得税。

被激励对象个人在取得激励股权分红时，需要按照"利息、股息、分红所得"缴纳20%的个人所得税。在退出或转让企业股权时，需要按照"财产转让所得"税目20%的税率，以卖出价减去买入价的差额计算并缴纳个人所得税。

3. 递延纳税的实施

餐饮企业的股权流动性弱，变现能力差，而且承担的投资风险比较高。如果员工在取得企业股权的环节，就需要按"工资、薪金所得"缴纳个人所得税，不仅会加重激励对象的经济负担，也会影响企业激励目标的实现。在各方努力下，财政部、国家税务总局2016年联合出台财税〔2016〕101号文件，实施递延纳税优惠政策的股权激励政策规定要"符合条件"①。

（1）规定享受税收优惠政策的应是境内居民企业实施的股权激励计划。

（2）规定股权激励计划必须经公司董事会、股东（大）会审议通过。

（3）规定股权激励标的应为本公司的股权。

（4）规定激励对象应为企业的技术骨干和高管，具体人员由公司董事会或股东（大）会决定，激励对象人数累计不得超过本公司最近 6 个月在职职工平均人数的 30%。

（5）对股权激励的持有时间作出限定。

（6）规定股票（权）期权自授予日至行权日的时间不得超过 10 年。

（7）股权奖励的范围不属于限制性行业。

4. 递延纳税优惠程序

餐饮企业实施符合条件的股权激励，激励对象选择递延纳税的，餐饮企业应于股权期权行权、限制性股权解禁、股权奖励获得之次月 15 日内，向主管税务机关报送《餐饮企业股权激励个人所得税递延纳税备案表》、股权激励计划、董事会或股东会决议、激励对象任职或从事技术工作情况说明等。实施股权奖励的企业同时报送本企业及其奖励股权标的，说明企业上一纳税年度主营业务收入构成情况。

个人因餐饮企业实施股权激励或以技术成果投资入股取得的股票（股权），实行递延纳税期间，扣缴义务人应于每个纳税年度终了后 30 日内，向主管税务机关报送《个人所得税递延纳税情况年度报告表》。

六、餐饮企业股权激励案例

案例 36：两招让营业额翻了 5 倍②

这家烧烤店到底是怎么做到营业额翻了 5 倍的？

---

① 财政部国家税务总局《关于完善股权激励和技术入股有关所得税政策的通知》（财税〔2016〕101 号）。

② 餐饮老板内参《员工鼓励、门店入股、裂变开店……餐企如何用好股权武器》腾讯网，2023 年 9 月 27 日。

山东日照有这样一家烧烤店，面积 800 平方米，60 个桌位，客单价平均 80 元，员工加上创始人三姐夫妇共 18 人。

创始人三姐作为餐饮小白误打误撞进了餐饮行业，门店开起来了，却不懂管理，更别说去抓经营了，只全盘交给厨师长。结果这家店始终没有盈利，三姐一度想放弃。

正是因为这沉痛的一击，三姐认清了自己的短板，经营餐饮店没有那么容易，必须多学习，真正做出改变。

第一步：营销求生，积极拥抱抖音。

2020 年，三姐绝地求生，开始学习如何用抖音把店做成爆款，最终抖音救活了三姐的店。

在全民互联网时代，单纯依靠自然流量是无法支撑餐饮店经营的，只有让更多的人看到，才更容易活下来。

第二步：每天分出利润，让员工干劲十足。

胖东来的创始人于东来曾说："许多企业家看不透一个道理——财散人聚。如果你不肯把 50% 的利润分给员工，那么我的经营理念你永远也学不会。"三姐受到了启发，要分利润就大胆分，其日激励模型如图 3-9 所示，具体办法如下：

店内每天的保本营业额为 15000 万元，超出的部分，核心管理者店长、烧烤师傅、厨师长 3 人分 50%，主管 4 人分 25%，员工 8 人分 25%。

五一假期到来，5 月 1 日当天营业额暴涨至 75000 元，与最初设定的目标 15000 元相比整整翻了 5 倍。

因此，店长、厨师长和烧烤师傅每人可以得到：$(75000-15000) \times 8\% \times 0.5 \div 3 = 800$ 元；

中层可以得到：$(75000-15000) \times 8\% \times 0.25 \div 4 = 300$ 元；

基层员工可以得到：$(75000-15000) \times 8\% \times 0.25 \div 8 = 150$ 元。

那几天，尽管大家每天从上午 10 点忙到第二天凌晨 2 点，单日切羊肉 100 斤，无中途休息时间，甚至连续 3 天无午休，但是大家都是快乐的，积极性超高。厨师长感慨道"没有遭不了的罪，只有享不了的福。照这样下去，我们夏天一定会拿到更多。"

三姐说："我要提升格局，下月我准备拿出超额利润的 10% 分给员工。这样分利润后，也不愁招人难了。"

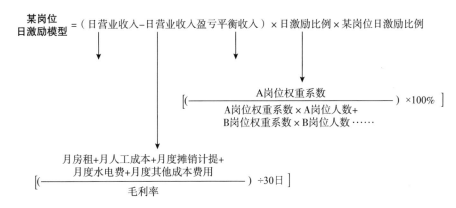

图 3-9 岗位的日激励模型

案例 37：门店利润 400 万元，想要员工入股，如何设计才能实现共赢？[①]

浙江温州一位老板投资 600 多万元创立了一家餐饮企业，经营 6 年多来，生意一直还不错，即使在大环境不太好的情况下，利润也有 400 多万元。

2023 年，店面重新装修花了 300 多万元，这位老板借此机会进行员工激励，实现企业和员工共赢，长远发展。具体如何做呢？资深股权律师耿小武给出这样的方案建议。

第一步，确定店面价格。

店面的估值是员工入股的第一步。如果店面估值合理，员工可能会抢着入股；如果店面估值过高，员工就不会入股。如果老板希望员工两年收回投资，那该店面的价格可以按照店面利润的 2 倍计算，最终得出店面估值 800 万元。

第二步，确定入股比例。

员工入股人数及比例不一定越多越好，关键人员入股才有效。

企业一定要提前想清楚三方面问题：

（1）企业要出让多少比例给员工，总量要有所控制；

（2）要确认员工个人入股比例，如基层员工、厨师长、店长等入股比例；

（3）要拉开收入差距，管理层入股要比普通员工入股比例高一些。

① 餐饮老板内参《员工鼓励、门店入股、裂变开店……餐企如何用好股权武器》，腾讯网，2023 年 9 月 27 日。

该企业协商的结果是：企业出让的股权比例不高于30%，店长入股不高于5%，厨师长入股不高于4%，前厅经理入股不高于3%，员工个人入股不高于2%，且须在企业工作一年以上。

如果管理层资金不足，则企业可以借款给管理层，但管理层需支付每年8%的借款利息，这样便于调动管理层的个人工作积极性。

第三步，保证本金安全及收益。

为了调动第一批员工入股的积极性，企业可以保证第一年入股的本金安全。如果员工第一年没有拿到分红，则企业可以保证其能获得至少10%的收益并退出；如果员工继续入股，则企业不再保证本金安全。

利益共享，风险共担，这样的方法能提高员工入股的积极性。

第四步，同股不同利。

好的激励机制一定会让观望的人动起来，让优秀的人富起来，让懒惰的人慌起来，为此采取了同股不同利的激励措施。这家餐饮企业年利润不到400万元，员工按照投资比例获得分红；若企业年利润超过400万元，那么超过部分员工按照入股比例的双倍分配。

比如企业年利润为600万元，店长持有5%的股份，则在前400万元利润中，店长可获得5%的分红，即20万元；对于超出200万元的部分，店长可以获得10%的分红，即20万元。最终，店长的年度总分红可达40万元（如表3-10所示）。

这样的股权激励设置有一个前提——个人考核要达标。如果个人考核部分不达标，即使企业的利润超过预期，个人也无法获得超额收益。

表3-10　　　　　　　　　　店长工资演算

年份	2018	2019	2020	2021	2022	2023
基本工资（万元）	9.60	9.60	9.60	9.60	9.60	9.60
预估年利润（万元）	150	150	150	150	150	150
目标年利润（万元）	—	108	108	108	108	108
超额部分（万元）	—	42	42	42	42	42
奖金总额（万元）	—	50.88	50.88	50.88	50.88	50.88
门店比例（%）	—	50	50	50	50	50
店长比例（%）	—	40	40	40	40	40

年份	2018	2019	2020	2021	2022	2023
店长干股分红（万元）	—	10.68	10.68	10.68	10.68	10.68
年收入（万元）	9.6	20.28	20.28	20.28	20.28	20.28
股改前店长 5 年收入（万元）	48	—	—	—	五年分红收入（万元）	101.4

第五步，人在股在，人走股收。

股权激励绝对不能只有进入机制而缺少退出机制，科学的退出机制才能使股权激励真正发挥效能。

人在股在，人走股收。为了增强对员工的激励，企业可以细化股权退出机制明细，比如作如下约定：

如果员工在一年内离职，则企业需退还入股本金的70%；

如果员工在一年以上两年以内离职，则企业需退还入股本金的80%；

如果员工在两年以上三年以内离职，则企业需退还入股本金的90%；

如果员工超过三年才离职，则企业需返还全部入股本金。

通过这样的方式鼓励员工长期在企业工作，还可以提高企业的盈利能力，但如果企业出现亏损，员工的股权也会受到影响。

第四章

股权融资
——餐饮企业快速发展的利器

君子生非异也，善假于物也。

——荀子《劝学》

一、股权融资，餐饮企业的资金流之痛

血液充沛，畅流不息，是人体充满生机和活力的必要条件。如果我们把企业比喻为人的躯体，那么资金就是企业的血液。人的生存离不开血液，企业的生存发展也离不开资金。企业从诞生到发展，直至走向衰落，都与资金息息相关。一家健康运转的企业，其资金大体是充沛的，流动大体是畅通的；一家濒临破产的企业，其资金是枯竭的，流动是不畅的。资金是企业的血脉，资本驱动企业扩张。

2022 年，在"互联网+"快速发展的大环境下，信息化赋能餐饮业，使众多地方特色小吃走向全国。据不完全统计，2021 年餐饮业融资事件超过173 起，融资金额近 500 亿元。其中餐饮品类占 40 起，在品类细分赛道中，粉面点心小吃名列前茅。和府捞面完成 8 亿元 E 轮融资，融资轮次最高。遇见小面、五爷拌面、陈香贵、马记永、张拉拉等新贵品牌入局。陈香贵连续两轮融资，拿到 2 亿元以上融资，已进京开店。张拉拉获得数亿元 B 轮融资。同时，已经有超过 10 家中式糕点企业获得了融资，至少有 8 个卤味品牌完成了总计 10 轮融资。

餐饮企业融资难主要体现在融资渠道较为狭窄，以及从银行获取贷款的难度较大。尽管现在市场上内源性融资及外源性融资渠道都非常多，但是真正可以被餐饮企业运用的融资渠道非常少。

（一）餐饮企业的融资破局

餐饮企业管理者的法律风险、财务风险意识淡薄，原因包括缺乏有效的风险控制机制和履约能力不足等，致使很多银行和金融机构不愿意向这些企业发放贷款。即使银行同意放贷，也设置了层层要求和限制。在这种情况下，很多中小型餐饮企业始终无法解决融资难的问题，最后因为资金链出现问题而破产倒闭。现阶段，许多餐饮企业通常采用股权融资和债权融资解决融资难的问题。

在市场分工日渐细化、市场竞争中资本推手的作用日益增强的背景下，资本实力和人才实力决定了企业的核心竞争力。资本实力的欠缺导致餐饮企业经营效率难以满足市场发展的需求，进入恶性循环。餐饮企业的三道难关如图4-1所示。因此，餐饮企业发展的瓶颈归根结底是资本层面的欠缺。

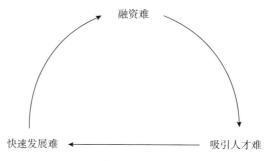

图4-1　餐饮企业的三道难关

案例38：湘鄂情的转型

曾经的餐饮业上市公司北京湘鄂情股份有限公司（以下简称湘鄂情）通过并购进入了文化传媒、环保领域。2012年，限制三公消费相关政策相继发布，高端餐饮业、酒行业、茶业首当其冲受到了巨大冲击。湘鄂情作为中高端餐饮企业第一股，也难以独善其身。2012年，湘鄂情业绩出现大滑坡。随后，湘鄂情开始布局转型。

2014年2月，湘鄂情发布公告称，全资子公司合肥湘鄂情餐饮有限公司已与合肥天焱绿色能源开发有限公司（以下简称合肥天焱）签订《股权转让协议》，合肥湘鄂情将收购合肥天焱持有的合肥天焱生物质能科技有限公司49%的股权。加上合肥湘鄂情原本持有的51%股权，合肥湘鄂情获得了目标公司100%股权。

2014年第一季度，湘鄂情在一周时间内连续收购北京中视精彩影视文化有限公司、笛女影视传媒（上海）有限公司；2014年5月12日，湘鄂情推出36亿元巨额再融资计划，主要用于投资互联网新媒体市场；2014年8月24日，湘鄂情正式更名为中科云网科技集团股份有限公司，转型为网络新媒体、云服务和大数据公司。

（二）股权融资的优势

综合当前的市场环境和融资环境，股权融资是餐饮企业融资首先要考虑的方式。股权融资有以下三方面的优势。

一是外部投资者在对餐饮企业进行投资的同时，可以在其他方面帮助企业成长。餐饮企业不仅可以依靠股权融资及时获得资金，而且可以得到投资者各种专业化的管理支持，包括企业发展战略、组织架构、管理团队、业务流程等方面，最终双方达成共赢的目的。

二是优化资源配置，拓宽融资渠道。股权投资者为了确保投资得到回报，会对所投资企业所处的行业进行分析研究，将许多高效优质的行业资源和科学先进的组织模式带到企业，提升所投资企业的行业竞争力。

同时要看到，一个完整的股权融资生命周期，包括企业在种子期、初创期、发展期、扩展期、成熟期和上市前期等各个时期所进行的权益融资活动。上市后，企业也会有相应的融资行为。

三是促进技术及管理创新。由于很多餐饮企业转型或开连锁店需要投入大量资金，而且不能保证一定成功，存在很大的不确定性和风险，一般说来不容易从银行等传统的金融机构获得资金。而股权投资者一般都具有比较强的风险识别能力和承受能力，股权投资可以覆盖风险比较高的项目，填补传统金融机构不愿意进入的一些投资领域。

举个例子，甲和乙投资 50 万元共同成立了一家餐饮企业，其中甲是大股东，乙是小股东。企业发展半年后出现了资金短缺的问题，于是二人共同商议引进投资者丙，丙投资 10 万元获得了一定份额的股权。丙未来要和甲、乙共同承担企业后期发展的风险，当然也共同分享企业后期获得的利润。后来，由于资金到位，该企业再次走上了快速发展的轨道，进入了下一轮的融资。此时，丙已经获利退出，其他投资者进入。

资金是餐饮企业持续发展的重要保证，而保证资金链的安全是所有企业的底线。现实中，资金链的断裂会对企业产生灾难性影响，山西民营钢铁企业——山西海鑫钢铁集团有限公司有 30 亿元左右贷款逾期，涉及债务总规模超过 100 亿元；浙江兴润置业投资有限公司及关联企业总负债超 35 亿元，其中银行贷款约 24 亿元，民间借贷 7 亿多元（年利率为 18%~30%），拖欠工人工资和工程材料费 4 亿元；山东兴和进出口有限公司负债 6 亿元，涉及近 20 家金融机构；更让人唏嘘的是因 7000 万元嫁女而闻名的山西柳林首富邢利斌，他名下的企业山西联盛能源有限公司因无力还债，不得不将企业甩给法院重整。这些都是当下我国众多民营企业的现状，无论是大企业，还是中小企业，资金链断裂危机频现。

2020 年新冠疫情暴发后，因阶段性的疫情管控和消费者信心普遍不足等因素影响，很多餐饮企业的资金流断裂，导致企业破产倒闭。资金链断裂已经成为餐饮企业失败的首要因素。

二、股权融资方式及制度设计

（一）股权融资方式

按融资的渠道来划分，股权融资主要分为两种方式，即公开市场发售和私募发售。大多数股票市场对于申请发行股票的企业都有严格的条件要求，餐饮企业较难达到上市发行股票的门槛，因此私募发售成为餐饮企业进行股权融资的主要方式。

私募发售是指企业自行寻找特定的投资人，吸引其通过增资入股企业的一种融资方式。私募股权投资选择项目的唯一标准是能否带来高额投资回报。在日前的资本环境下，私募发售是所有融资方式中餐饮企业优先选择的融资方式。这是因为餐饮企业一般产权关系简单，无须进行资产评估，没有资产管理部门和上级主管部门的监管。在私募领域，不同类型的投资者对融资企业的影响不同。

目前，我国私募发售主要针对以下几类投资者：个人投资者、风险投资机构、产业投资机构和上市公司。

1. 个人投资者

个人投资者即以自然人身份从事经济活动的投资者，包括合法持有现有中华人民共和国居民身份证、军人证、护照等证件的中国居民。虽然个人投资者的投资金额不多，一般在几万元到几十万元，但在大多餐饮企业的初创阶段起到了至关重要的资金支持作用。

2. 风险投资机构

风险投资机构指在中华人民共和国境内合法注册登记或经有关政府部门批准设立的企业法人、事业法人、社会团体或其他组织。风险投资机构追求资本增值的最大化，其最终目的是通过投资有发展潜力的企业，使投资的企业上市、转让或并购，在此过程中风险投资机构实现资产的增值。

对餐饮企业来说，选择风险投资机构进行股权融资的好处在于：第一，没有企业控股的要求；第二，有强大的资金支持；第三，不参与企业的日常管理；第四，能提升企业的股东背景，有利于企业再次融资；第五，可以帮助企业规划未来的再融资及上市渠道。但同时，风险投资机构也有其不利之处，其主要追逐短期的资本增值，容易与企业的长期发展形成冲突。

3. 非专业投资机构

这里的非专业投资机构特指大型民营企业的投资部门或投资公司，是创业进入平稳发展期的民营企业建立的股权类投资机构。如果民营企业处于良好的盈利水平，可以投资一些股权类项目。如果企业创始人具备一定的知名度，也可以成立专门的投资公司。这些投资公司的形式基本上和专业股权类风险投资基金公司一样，但较后者多一些灵活性，比较有代表性的有 BAT（中国互联网企业三巨头，包括百度、阿里巴巴、腾讯）旗下的投资机构等。

选择非专业投资机构的好处在于：第一，具备较强的资金实力和后续资金支持能力；第二，具备较大的品牌影响力；第三，有业务协同效应；第四，在企业文化、管理理念上比较接近，容易相处；第五，可以向被投资企业输入优秀的企业文化和管理理念。同时，选择这类投资机构的缺点在于：第一，这类投资机构可能会要求对被投资企业进行控股；第二，可能会对被投资企业的业务发展进行干预或限制；第三，可能会限制新投资者进入被投资企业。

（二）餐饮企业股权融资常见制度设计

股权融资在企业的持续发展中发挥着重要作用，具有专业性较强、实施难度较大、涉及的利益相关者较多等特点。在设计股权融资制度时，需要将企业的长远目标和阶段性目标结合，需要保护股东、投资人、创始人、管理层等多方利益。在实践中，常见的制度设计如下。

1. 业绩对赌

对赌是指投资方与融资方在签订融资协议时，由于无法确定未来的业绩，双方在融资协议中约定的内容条款在符合一定条件成就时，由投资人行使估值调整权利，以弥补高估企业自身价值的损失；如果不符合一定条件，则由融资方行使一种权利，以弥补企业价值被低估的损失。通过内容条款的设计，对赌协议可以有效保护投资人利益。对赌指标有很多种，如在未来一段时间内实现一定经营业绩、达到上市标准、通过证监会审核、成功IPO、达到一定的净资产收益率、达到一定的净利润、达到一定的增长率等。

业绩对赌是指股权投资方对企业业绩增长提出了要求，控股股东对此进行了业绩承诺，当业绩达不到预期时，由控股股东就业绩目标和实际业绩之间的差额按商定的计算方法计算，以现金或等值股权补偿给投资方。业绩对赌是投资人最看重的，也是用得最多的对赌方式，具体是指赌被投企业在约定期间能否实现承诺的财务业绩。由于业绩是估值的直接依据，被投资企业若想获得高估值，就必须以高业绩作为保障。

案例39：俏江南对赌协议中的致命条款

2008年，餐饮企业俏江南为上市接受了私募公司鼎晖投资的股权融资，鼎晖投资以2亿元换取了俏江南约10%的股权。但之后俏江南的发展超出了双方的预想。由于餐饮业本身的回报率限制、双方的预期分歧、监管环境的变化（《关于外国投资者并购境内企业的规定》使俏江南不能实现海外上市），以及《中共中央政治局关于改进工作作风，密切联系群众的八项规定》实施后餐饮业大环境的变化，导致俏江南营收下滑，一直未能如愿上市。

按照对赌协议，俏江南在2012年年底之前必须上市，否则鼎晖投资有权通过回购方式退出俏江南。2014年，对赌协议被执行，创始人张兰无钱回购导致鼎晖投资启动协议中的领售权条款，企业的出售作为清算事件又触发了协议中的清算优先权条款。图4-2为启动强制出售权后的股权架构。

俏江南未上市的结果就是张兰"净身出户"，企业控制权被转移给了收购方、欧洲的私募公司CVC资本。

由于对赌失败产生纠纷的案例并不鲜见，建银文化诉小马奔腾案、太子奶李途纯出走案最开始都是因为触发对赌协议条款，从而引发了一系列失控

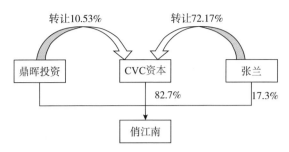

图4-2　启动强制出售权后的股权架构

的连锁效应。

这些案例给我们的启示是，资本精打细算是本能，企业要认识资本的"双刃剑"属性，切忌急功近利。

2. 共同售股权

共同出售股权，即当企业某一股东拟转让其持有的企业股权时，其他特定股东拥有的（按特定比例）在同等条件下与该拟转让股东共同向潜在股权受让方出售其持有的企业股权的权利。对于餐饮企业创始人而言，由于其在企业融资时需要向投资方表示坚定创业、与企业和投资方共进退的决心，其在出售股权时自然也难以拒绝赋予投资方与其共同出售股权的权利。在具体的实施过程中，企业创始人也需要关注共同出售权的具体条款设计。而投资方约定共同出售股权的目的是保证自己的退出通道畅通，以免在创始人跑路的情况下被深度套牢。

3. 优先权

股权融资中，投资方为了保护自己的利益，经常要求融资方接受有优先权的条款，包括优先分红权和企业清算优先受偿权。

优先分红权指企业在进行分红时，投资方要优先原始股东分得红利，或者在投资人红利分配达到一定金额前，原始股东不分红。该制度的目的是投资人能通过优先分红的方式提前收回投资，保证投资的安全性。

企业清算优先受偿权，是指企业如经营不善，无法继续经营下去，进入清算程序的，投资人优先企业其他股东获得清算资产；清算资产未能弥补投资人投入成本及预期利润的，由大股东补偿。

三、餐饮企业的股权融资的步骤

完整的股权融资流程一般需要经历多个不同的环节，包括筛选合适的投资人、签署投资意向书、完成尽职调查、商定投资条款、签署协议并完成交割等。只有做好这些环节的工作后，股权融资才算正式完成。

（一）筛选合适的投资人

《孙子兵法·谋攻篇》里这样讲道："知彼知己，百战不殆。"企业在做股权融资时，也需要知己知彼。企业进行股权融资，是企业发展过程中的大事，关系到企业股权的控制权和未来发展的走向。选择合适的投资人就是选择合适的"同路人"，就是选择好的合作伙伴。在实践中，常从以下两个维度考察投资人。

1. 专业程度及风险偏好

企业在寻找投资人时，要清楚投资人是否对餐饮行业和被投资企业有清晰、透彻的理解和认知，投资人的风险偏好如何等。餐饮企业的发展阶段不同，风险也不同，一般来说餐饮企业发展早期的风险最高，当然收益也很高，既然投资人承担了巨大的风险，他们自然也应获得巨额的回报。随着 A 轮、B 轮、C 轮投资的资金进入，风险会逐步降低；进入公募市场后，投资人风险会大大降低。

2. 投资人能带来多少资源

对于需要融资的餐饮企业来说，资金是能够从投资人手中获得的重要资源。除此之外，如果投资人能够为融资企业提供一些人脉或渠道资源的话，那就更好了。

当然，企业在融资过程中也要考察投资人的相关能力，不能对投资人的各种承诺听之任之。针对投资人承诺的资源，企业要设置量化指标，并写入投资协议，在达到约定的业绩或者效果后投资人才可享受红利，这样能保证这些资源支持真正落在实处。

（二）签署投资意向书

在找到合适的投资人后，接下来企业与投资人可对融资事项进行细节方面的商讨。在对重要环节和问题有明确的共识后，双方就可以签署投资意向书了。

投资意向书是当事人双方就项目的投资问题，通过初步洽商，就各自的意愿达成一致认识的表示合作意向的书面文件，是双方进行实质性谈判的依据，也是双方签订股权融资协议的基础。

一般来说，投资意向书通常包括双方合作投资意向的说明、尽职调查的工作安排、投资协议的签订安排、保密条款和争议解决条款等内容。

作为正式投资协议的谈判依据，除特定条款，投资意向书中的条款都不具有法律效力，对双方也没有实质性的约束力，只是作为双方同意开展投融资合作的一份书面承诺。

（三）完成尽职调查

对于投资方来说，一个完整的尽职调查大致要经历五步：第一步是制订调查计划，这是进行尽职调查的基础；第二步是开展调查并收集资料，这是尽职调查的重要环节；第三步是起草尽职调查报告及进行分工，并完成报告；第四步是进行内部复核；第五步是制订投资方案。

在这五个步骤中，开展调查并收集资料是至关重要的环节，主要包括企业基本情况调查、股东情况调查、企业治理结构调查、组织结构调查、同业竞争调查、关联方及关联交易调查、资产调查、税务调查，以及诉讼、仲裁或处罚调查等。其中，股东情况调查主要包括以下内容。

（1）编制企业股本结构变化表，检查企业历次股份总额及其结构变化的原因及对企业业务、管理和经营业绩的影响。

（2）取得企业股东名册，查看发起人或股东人数、住所、出资比例是否符合法律法规和有关规定。

（3）追溯调查企业的实质控制人，查看其业务、资产情况是否对企业的产供销以及市场竞争力产生直接或间接的影响。

（4）检查企业自然人持股的有关情况，关注其在企业的任职及其亲属的投资情况；如果单个自然人持股比例较大，还应检查是否存在其他人通过此人间接持股而可能引起潜在的股权纠纷的情况。

（5）检查企业是否发行过内部职工股，是否有工会持股或职工持股会持股；企业的股份是否由于质押或其他争议而被冻结或被拍卖而发生转移，并导致股权结构发生变化。

（6）获取企业与股本结构变化有关的验资、评估和审计报告，审查企业注册资本的增减变化以及股本结构变化的程序是否合乎法律规定。

只有做好尽职调查方面的工作，才能为接下来的融资决策起到重要的参考作用。

在投资方进行尽职调查期间，也可以对其具体情况进行一些调查。比如走访投资方曾经投资过的企业，了解投资方是否存在过分介入所投企业经营管理的情况。对于投资方的调查，企业考察得越详细，对融资越有利。在掌握足够多的信息后，企业则需要对这次融资进行全方位考量，在避免融资风险、保护企业控制权的基础上再进行股权融资。

（四）商定投资条款

一份完整的股权投资协议涉及的条款非常多，包含股权融资的各方面内容。需要融资的企业要注意，股权投资协议中的条款都是双方可以协商的。在商定具体条款时，融资方在重要的条款上要有底线意识，不能为了融资一味地迁就投资人，而应更多从自身利益出发去确定具体的条款内容，避免后期造成企业控制权的丧失。

一份完整的股权投资协议通常包括如下内容：核心要素、一般条款、投资者权利条款、被投资企业的约束性条款。可将其分为实质性条款、程序性条款和其他条款（如图4-3所示）。

1. 实质性条款

投资协议中的实质性条款包括估值条款、反稀释条款、对赌条款、领售权、跟售权、回购条款、知情权和检查权、委派董事、优先清算条款，均属于投资者权利保护条款，是双方进行投融资谈判的重点。

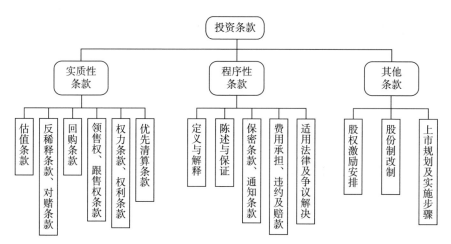

图4-3　投资主要条款

2. 程序性条款

定义与解释、陈述与保证、保密条款、通知条款、费用承担、违约及赔款、适用法律及争议解决是一般性的合同条款，如交易中产生的审计、法律等中介费用由双方各自承担或由目标企业承担，再如争议解决选择法院诉讼及选择指定的仲裁机构仲裁，其与格式条款共同作为投资协议中的程序性条款。

3. 其他条款

股权激励安排、股份制改制等不是必备条款，此类条款属于上市安排的内容，但一些投资者有此要求，主要在于投资者退出的优选渠道，而股份制改革作为上市的必经之路，大机构的投资者对此也有时间要求。股权激励安排则是为了激励员工创造更大的收益，促进企业业绩提升，进而早日上市而设。

4. 需要注意的两个条款

（1）公司治理条款。

这一条款主要是投融资双方所约定的一些公司治理原则，投资方在公司治理层面的特权通常体现在两方面：一是委派董事及高管人员的权利，二是一票否决权。

《公司法》把企业经营计划和投资方案决策、内部机构设置、基本制度制定、管理层选聘等企业经营管理层面的职权都赋予了董事会，其地位的重要性可见一斑。在进行股权融资时，投资方也往往会有进入管理层的诉求。但需要注意的是，由于董事选举是股东会的权利，因此投资方在缔约时务必注意该条款需要其他股东同意并签章。

而对于一票否决权，投资方可能要求在企业股东会或董事会对特定重大事项的决议享有一票否决权。但企业应当特别注意的是，一票否决权应当限制在合理范围内。例如，对于风投机构而言，其目标实际不在于参与企业经营管理，而在于资本性投资并分红，因此其一票否决权应仅限于重大资本性事项，如减资、引入第三方增资、企业合并或分立等。

（2）反稀释条款。

为防止企业此后以低价引入其他股东来降低投资方的持股比例，多数投资协议会约定反稀释条款，即将来新投资方认购企业股份的每股价格不能低于本次投资方认购时的价格，否则本次投资方的认购价格将自动调整为新投资者认购价格。而价格补偿的方式有两种：一是现金补偿，二是股权补偿。实践中大多采用后者，企业原股东需向本次投资方无偿转让相应股份以保持其入股价格与新投资方一致。

（五）签署协议并完成交割

在商定完投资协议中的各条款之后，投融资双方就可以正式签署股权投资协议了。作为约束投融资双方的核心法律文件，股权投资协议主要包括增资协议、股权转让协议、公司章程修正案以及其他股东间的协议。

不同于前面提到的投资意向书，这些股权融资相关的法律文书一旦签订，就具有法律效力，任何一方出现违约行为，就要承担相应的责任。

签署股权投资协议后，股权融资活动基本就宣告完成，但对于融资企业来说，只有真正收到投资方的投资款，整个股权融资过程才算成功。为此，双方还需要设定一个交割阶段，投融资双方需要根据此前协议中的股权交割安排完成这一流程。股权交割完成后，融资企业才能真正获得融资资金。

四、商业计划书

充沛的资金流是餐饮企业发展的关键要素。目前企业获得外部资金的重要渠道是融资，而融资只有依赖商业计划书才能实现。商业计划书的撰写，是企业特别是资金量需求大的餐饮企业进行融资的重要环节。

一份优秀的商业计划书具有要素多、逻辑密、目的明确、感染力强的特点。除此之外，商业计划书需要用到的数据信息量大，且要求精准，针对不同的投资者还要有不同的侧重点。

（一）商业计划书主要内容

"凡事预则立，不预则废。"当餐饮企业需要大量资金用于扩大规模、抢占新市场、拓宽新流通渠道等时，需要给投资方一份全面涵盖其情况、未来发展的商业计划书，从而让投资方愿意出钱出资源来帮助自身达到融资目的。因为所有考虑投资的个人或团体都希望知道以下内容：

（1）企业融资的目的是什么？

（2）企业值得信赖吗？

（3）团队里有哪些成员？他们有实现这一想法的能力吗？值得信赖吗？

（4）企业做的产品或服务现在有市场吗？市场有多大？

（5）企业的计划在实践上可行吗？能被社会接纳吗？

（6）企业可能面临哪些威胁和挑战？这些威胁和挑战能被克服吗？

（7）有阻止其他人进入的壁垒吗？

（8）企业如何在他人之前从项目中获益？

（9）实现想法需要哪些资源？

（10）企业如何对产品或服务进行营销？

（11）竞争程度如何？企业打算如何面对竞争？

（12）是否制作了进度表，以判断一切是否按预期进行？

（13）企业对财务结果的预测是什么样的？

（14）投资者将如何收回成本？

（二）优秀的商业计划书的 8 个要素

优秀的商业计划书包含以下 8 个要素（如图 4-4 所示）。

1. 商业计划概要

商业计划书的第一个要素是概要，这也是商业计划书最为重要的一部分。概要部分实际上就是对整个商业计划书、企业基本情况的概述。

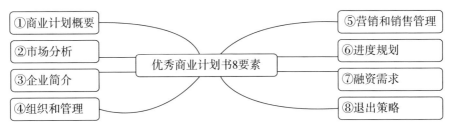

图 4-4　优秀商业计划书的 8 要素

2. 市场分析

第二个要素是市场分析，主要是叙述企业所处的行业领域，融资方要让投资方看到自己对市场的调查结果（如图 4-5 所示）。调查结果要全面、客观，分析我方与竞争对手在产品或服务上的优劣。例如，竞争对手不能满足消费者的需求，渠道存在不可克服的障碍，有不良工作记录，资源有限，对优秀人才的吸引力不强。一旦发现竞争对手的不足之处，一定要继续发掘产生这种不足的根本原因（有关的调查过程等细节放在商业计划书最后的附件里）。

3. 企业简介

企业简介实际上是计划书的第三个要素。在这一部分中，需要介绍企业所在的行业，该行业的趋势，企业的优势，如知识产权（专利和商标）、独特技能（技术方面）或者特殊优势情况等。

在介绍企业的时候，要列出企业需要满足的市场需求及能满足这些需求的个人或组织。重点说明企业的潜在成功因素，包括满足客户需求的优势能力，推销产品和服务的有效方法，杰出人才或企业所处地理位置处于核心区等。

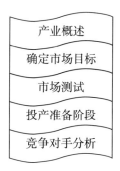

图 4-5　市场分析要素

4. 组织和管理

商业计划书的第四个要素是组织和管理，这包括企业的组织结构、股权架构、控制人及企业的"三会"（股东会、董事会、监事会）和管理团队。

投资方在进行投资时，非常看重拟投资对象的组织及管理架构，因为这关系到治企策略、公司治理，以及企业未来的发展方向，关系到投资方的投入是否能按约定全部落实，关系到业务管理和生产经营各种决定能否顺利执行。因此，投资方必须知道所投资对象的实际控制人、管理团队及相关背景。

5. 营销和销售管理

商业计划书的第五个要素是企业的营销和销售管理。该要素是企业将产品和服务变现的必然选择，也是企业实现自身目标的基础。如果一家企业销售方面出了问题，即使产品或服务品质过硬，也很难说服投资人进行投资。

商业计划书的营销策略主要包括六个环节，即目标市场战略、产品和服务战略、销售战略、加盟合作战略、广告推广战略、市场开发战略和市场预测战略。

营销策略应能详细说明企业打算通过何种方式接触客户。第一，必须确定最需要企业产品或服务的客户群体。一旦确定了客户群体，企业就可以针对客户群体制定营销策略，让他们知道企业产品或服务的独特性和亮点，并通过密集的销售活动来说服他们使用产品或服务。第二，确定产品或服务在价格、体验、交付、创新等方面有哪些特色。第三，精心的策划是营销成功的关键，为达到预想的销售目标，企业需要举办一些营销活动，而制定营销策略的过程有利于预估和规划这些营销活动的财务开支。在探讨价格策略时，需要证明收益大于成本，产品未来潜力巨大。同时，要留有足够的利润支付营销和分销费用，以及提供保修、退货、换货等售后服务的费用。

6. 进度规划

商业计划书的第六个要素是进度规划。在这一部分，企业需要为计划完成的重要活动规划进度。创业就像一段旅程，而进度规划就像沿途的标记，帮助企业确定已经走了多远，距目的地还有多远。同样，企业可以按固定时间间隔（如每个月或者每个季度）要完成的活动规划进度，或者按成功创业的重大成就来规划进度。进度规划的具体定义并不重要，重要的是企业确定了重要活动与执行时间，从而向投资方表明自己的可信赖度。

7. 融资需求

商业计划书的第七个要素是融资需求。这一部分需要说明企业需要多少资金，这也是投资方最关注的部分。融资需求中应该包含以下内容：企业目前的融资需求、未来几年可能会出现的融资需求、资金要如何使用以及财务策略。企业阐述融资需求时，一定要说明资金的数量、融资的持续时间以及企业需要的资金类型。

8. 退出策略

商业计划书的第八个要素是退出策略。本质上，投资方只关心一件事——投资回报。投资者不会让资金在一家企业被套牢，他们往往要求企业有合适的计划，能够让他们在最短时间内撤回投资，并获得可观收益。

9. 注意事项

（1）投资方。

①投资方要通过各种途径对目标企业进行了解并实地查看企业的相关数据，尽力减小估值偏差。

②与企业的上下游渠道接触，核实其真实的市场情况。

（2）融资方。

融资方要根据自己的情况来客观地估值，否则有如下风险。

①高估值意味着高回报的要求，企业为了完成短期的业绩目标而做过高的估值，可能会影响企业的长期发展。

②企业如过分抬高自己的企业估值，会有稀释自己股权的可能，融资协议一般都设有反稀释条款，如果过分抬高企业估值容易使企业在后期出现融资困局。

③企业估值过高，不切合实际，会对企业造成冲击，不利于长远发展。

五、餐饮企业股权融资之路

融资是餐饮企业资金筹集的行为与过程，一般顺序为：天使投资—A轮（1轮）融资—B轮（2轮）融资—C轮（3轮）融资—IPO。

A轮融资、B轮融资、C轮融资等名称，对应的就是第1轮融资、第2轮融资、第3轮融资的实际融资次数。对于多数创业企业而言，C轮融资结束后，可以考虑IPO。当然，也有不少企业融资超过E轮，到了F轮甚至G轮都没能成功上市，如凡客诚品。

相较于A轮融资、B轮融资等相对严谨规范的风投机构的投资行为，天使投资并不是企业融资路上必须经历的阶段。所以我们经常发现，有些餐饮企业第一次融资直接就是A轮，而更多企业会存在天使投资的情况，这要根据企业自身的发展情况和资本背景来判断。下面详细介绍各融资轮次对应的企业发展情况。

（一）天使投资①

当餐饮企业已经有了一些核心用户，能够通过商业计划书将创业项目的各层面展示得清楚明了，产品已经在特定地区、特定的用户群体中有一定的知名度后，就可以进行天使轮融资了。天使轮融资额一般在50万~200万元，同时天使投资人会拿走企业10%~20%的股权。接下来，在企业的商业模式初步取得一定成效后，会进行A轮融资。

---

① 天使投资（Angel Investor）指个人出资协助具有专门技术或独特概念而缺少自有资金的创业者进行创业，并承担创业中的高风险和享受创业成功后的高收益；或者说是自由投资者或非正式风险投资机构对原创项目构思或小型初创企业进行的前期投资，是一种非组织化的创业投资形式。

（二）A 轮融资

创业企业进一步打磨完善创业产品，并且用户数量继续保持增长。但是由于此阶段多数创业企业都尚未涉及变现盈利，所以依旧存在较大的投资风险，此阶段进行的第一次融资，就是 A 轮融资。本轮融资额通常在 500 万 ~ 1000 万元，同时投资人拿走企业 20% ~ 30% 的股份。

（三）B 轮融资

通过 A 轮获得融资资金，企业加速发展，迅速扩张团队，营销产品，经营模式不断趋于成熟。此时企业就可以在原有的产品和服务中不断加入新业务和探索新的盈利方向，自然也就需要更多的资金来运营企业，此时就可以进行 B 轮融资。B 轮融资额进一步扩大，数目通常在 2000 万 ~ 4000 万元。当然，企业要继续发展壮大，投资方才会投资。这时候，企业一般出让 10% ~ 15% 的股份。

（四）C 轮融资

经过了 A 轮、B 两轮融资，企业基本上应该可以进入商业变现的阶段，可以通过产品和服务获得盈利，并且可以进一步扩大、拓宽盈利的渠道和领域。但是根据客观市场情况，如果还处于与同类竞品抢夺市场的胶着状态，那么就需要继续 C 轮融资，补贴市场和营造商业闭环。如果餐饮企业年收入达到 2000 万元以上，PE 或其他战略投资者会进一步投资 C 轮，金额在 5000 万元左右，此时他们拿 5% ~ 10% 的期权。

（五）IPO

如企业成功地走过前几轮融资，且有上市规划的，那么接下来，投资者的目的是 IPO，然后顺利退出。

IPO 即首次公开募股或首次公开发行，支持企业通过证券交易所首次公开向投资者发行股票，以募集企业发展所需资金的过程，也就是我们常说的上市。

如果企业到了 IPO 阶段，就是一个共赢的过程。之前我说过的天使轮融资、风险融资、私募股权融资以及 Pre-IPO 融资等，都会在之前或企业上市之后获利退出。而企业的创始人也把自己的企业打造成上市企业，社会公众也可以通过购买企业股票分享企业的收益。企业本身也可以通过上市募资，把自己做大做强。这是一个多方共赢的结果。

案例 40：揭秘获 5000 万元投资的小恒水饺

近期，一家卖水饺的企业一年内完成三轮融资，而最后一轮融资获得 5000 万元，这样的重磅消息一夜间刷爆餐饮圈、创投圈，它就是小恒水饺。小恒水饺更是爆出内幕——挖了一群世界 500 强高管！小恒水饺的创始人李恒带领一个立志把饺子吃出时尚范儿的团队，当之无愧地成为当下最华丽的"互联网+"时代的创业团队。

与很多初创企业的"试错"和"低配"不同，小恒水饺的脱颖而出，恰恰在于用人方面的反其道而行之的方式：拒绝新手玩法，从最开始就为自己购买"顶级配置"。创业时格局要足够大，企业才不至于很快遇到瓶颈。而对于初创企业用人方面，我们应该关注哪些问题呢？

初创企业用人讨论 1：高配还是低配？

先来回顾一下小恒水饺的融资历程：

2016 年 2 月 26 日，小恒水饺对外宣布：完成最新一轮 5000 万元的融资，估值超过 3 亿元；未来 3~5 年将完善全国重要城市布局，旨在打造水饺行业百年老店。小恒水饺曾在 2015 年 1 月和 7 月获得融资，这已是小恒水饺 12 个月内完成的第三轮融资，其早期投资方全部跟投。根据第三方统计，投资方阵容可谓星光闪耀：除本轮投资方竞技创投外，其早期投资方还包括真格基金、险峰华兴、青松基金及著名消费品投资专家"快刀手"朱拥华。在第一轮融资之后，李恒就组建完成了自己的豪华高管阵容。

初创企业用人讨论 2：超前配置还是临阵招兵？

"小恒水饺不是我第一次创业。"李恒说。在大学时期，他就带着几个计算机系的同学开过 IT 企业。由于专业技术能力较弱，在同行竞争中毫无优势，在 2 年时间内企业就赔掉 50 多万元。后来，李恒聘用成熟程序员，用半年时间实现扭亏为盈。人不行，企业就容易"掉链子"，这就是大学生和专业程序员的差别。经此，李恒更明确地认识到用人的重要性。正如刘强东所说："一切企业不行都是人不行。"很多企业往往在团队的能力满足不了企业发展的迫切需求时，才开始招聘"牛"人，打造团队，这属于病急求医，变数未定。

当企业做大之后，是需要集团化作战的。因此，团队最好在企业初创时就组建完成，在经历短暂的磨合之后，马上能带领企业快速高效地发展。"我是一个谨慎的人，因此做事儿比较超前。"李恒说。

初创企业用人讨论3：招募熟手还是培养新人？

高配置的高管团队，拥有领先理念和资源优势。这个高管团队中的每个人都是行业翘楚，能力强，视野广，并且具备丰富的经验和资源：他们都能组建起自己的团队；懂得什么样的做事方式最好；能敏锐地察觉到问题并迅速解决；几十年积累的经验和资源让许多事情变得简单。

牛人自带团队。比如，在企业发展的第一年就建立了完善详尽的制度系统，让一切企业事务的运行从一开始就有章可循。公平合理的奖惩制度，能让最优秀的员工获得2倍于年薪的奖金，而水平低下的小白员工则无法得到加薪。

小恒水饺的门店选址独具优势，常被人艳羡地说："在这样的位置，任何店都能火爆。"但小恒小饺的成功不仅是选址科学合理的结果，更应归结于团队高管自带资源。

为有能力的人支付更多的钱，永远比花费时间和精力去培养新人划算得多。这些人不需要培养，只需要磨合。而一旦磨合好，将会带动企业高效顺利地发展。

初创企业用人讨论4：四五十岁的世界500强高管，敢不敢用？

"'85后'的老板带着四五十岁的高管们追逐理想，很多CEO不愿意用或者不敢用这样的人。一是年纪偏大，不容易沟通；二是觉得他们可能刚愎自用，管控不住。"李恒说，"但这同时说明，他们具有自己的思维和方法，你只要得到他们的认同，就会马上获得强大的战斗力。把他们的价值最大化，把他们的优点用到最好。"

这样的人并不缺钱，但很想抓住梦想的尾巴。

第一，要为团队树立共同目标，把每个人的利益绑在一起；第二，要让他们知道刚愎自用对创业没有益处；第三，单兵作战能力强可能拯救一个项目，但单兵集合起来，可以创造一个企业。"在四五十岁的年纪，他们已经赚到了足够的钱，取得过比较好的成绩，但手里还抓着一点梦想的尾巴。"李恒说，"我就是要带着他们去实现理想，去成就他们自己。"

有这样强大的创业团队，资本灵敏的嗅觉一旦探知就会兴奋，资本的角逐就不足为奇了。

（六）融资后企业股权结构的变化

案例41：融资前后股东股权的变化

张小青、王小军二人建立了 A 餐饮企业，他们的出资比例为 7∶3，此时 A 公司的股权结构如表 4-1 所示。

表 4-1　　　　　　　　　　　初始股权分配

股权人	出资比例（%）
张小青	70
王小军	30

一年后，A 企业计划引入天使投资。双方经过评估，认为企业价值 80 万元，天使投资人投资 20 万元，要求在入股前企业先拿出 20% 的股份建立期权池。此时股份比例为：

张小青所占的股份为：70%×（1-20%）=56%。

王小军所占的股份为：30%×（1-20%）=24%。

公司的股权结构如表 4-2 所示。

表 4-2　　　　　　　　　建立期权池后的股权比例

股权人	股权比例（%）
张小青	56
王小军	24
期权池	20

天使投资人入股后，他的股份：20÷（80+20）=20%。

张小青的股份：56%×（1-20%）=44.8%。

王小军的股份：24%×（1-20%）=19.2%。

期权池：20%×（1-20%）＝16%。

此时公司的股权比例如表4-3所示。

表4-3　　　　　　　　　　天使投资人进入后的股权比例

股权人	股权比例（%）
张小青	44.8
王小军	19.2
期权池	16
天使投资人	20

假定A轮、B轮、C轮、IPO企业都拿出20%的股权份额给新的投资者。其中，较特别的是A轮投资人仍然面临较大的风险。一般A轮投资者会跟企业签署协议，如果在B轮融资时，企业估值达不到特定值，就必须保持A轮投资人的股份不被稀释，仅稀释A轮融资前的股东股份。这样，企业各个阶段的股权比例如表4-4所示。

表4-4　　　　　　　　　　企业融资阶段的股权比例　　　　　　　　单位:%

股权人	初创	天使投资加入前	天使投资加入后	A轮	B轮	C轮	IPO
张小青	70	56	44.8	35.8	28.7	23	18.4
王小军	30	24	19.2	15.3	12.3	9.8	7.8
期权池	—	20	16	12.8	10.2	8.2	6.6
天使投资	—	—	20	16	12.8	10.2	8.2
A轮融资	—	—	—	20	16	12.8	10.2
B轮融资	—	—	—	—	20	16	12.8
C轮融资	—	—	—	—	—	20	16
IPO	—	—	—	—	—	—	20

第五章

餐饮企业门店合伙人的股权实践

> 企业之道就是两个字：人、事，
> 合伙人制度则是用人成就了事。
> 人一旦走了，"企"就变成了
> "止"，意味着企业的终止。因
> 此，合伙人制度是企业家必备的
> 用人武器、发展利剑。
>
> ——方富贵

一、门店合伙人合伙机制

近几年，传统餐饮门店由于电商和新零售的发展，以及后疫情时代的影响，经营业绩受到很大的冲击。过去那种单打独斗式的做法制约企业发展，也有一些企业，在困难的环境中逆流而上，在激烈的市场中站稳脚跟，这些企业业务稳定后，就会面临如何做大做强的问题。这是大多数餐饮企业的必经之路。说实话，这个过程比创业轻松不了多少，因为创业之初，虽然没有经验，好在门店比较少，靠个人能力还能游刃有余。随着门店增多、规模变大，我们的精力就会被分散，以至于我们在企业发展方面不是瞻前顾后，就是急功近利，容易走弯路。但有一些优秀企业，会提前进行布局，通过连锁经营，实现业务的跨越式发展。

合伙人的含义在不同的情况下有所不同。在法律上，它是比较普遍的概念，通常指以其资产进行投资，根据合作各方的协议获得某经济体的权利及义务，并对其债务负有无限或有限责任的自然人和法人。这里的资产，既可能是货币，也可能是实物资产和权利，如股份、知识产权等，甚至也可能是劳务。

总体来看，餐饮业的上市企业并不多，但新冠疫情的冲击倒逼更多企业加速资本化进程以便应对经济下行。餐饮企业积极扩张的背后，是连锁化大趋势的到来。疫情反复也促使餐饮企业创新运营模式。经过多年连锁企业从业和辅导经验的积累，我们总结出了餐饮连锁门店五大成功要素，如图5-1所示。

在门店合伙人模式下，餐饮连锁门店会鼓励门店的合伙人以及管理者将自己的员工培养成新的合伙人，而员工及合作伙伴成长为新的合伙人之后，会独立管理新的门店，获得的收入自然会大幅提升。而新门店的收益，有一部分会分配给培养员工的管理者，保障原有合伙人的利益。在这种裂变模式下，为了获取更高的收入，员工及合作伙伴自己会努力成长，合伙人也会对有潜力的员工进行充分培养，门店的扩张自然也会高效推进。更重要的是，新的合伙人是在门店中成长起来的，在言传身教下，已经对连锁门店的经营

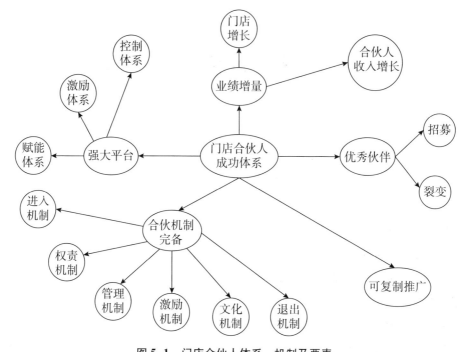

图 5-1　门店合伙人体系、机制及要素

和管理具备较为丰富的实践经验，可以保障新店的经营效果。

（一）连锁门店的合伙机制

合伙机制是为了找到优秀的合伙人，同时也是为了激励现有的合伙人。其中，进入机制的主要内容是对门店内的人员进行筛选，确定哪些人可以成为合伙人，毕竟并不是门店内的所有人都适合成为合伙人；责权机制的主要内容是对一些重要的合伙人进行适当的授权；管理机制的主要内容包括组织形式、管理内容以及奖惩机制；激励机制就是用于吸引、激励和保留合伙人的机制；文化机制是指合伙人需要共同遵守的行为准则以及营造合伙文化的机制（合伙文化是合伙机制的"魂"，合伙文化可以有效弥补管理机制的不足，让合伙机制更好地发挥自身的作用）；退出机制是合伙人退出时需要遵循的约定。

在这六大机制中，激励机制是合伙机制的核心内容，也是合伙机制设计的难点。一般来说，激励机制分两类，一类是物质激励，另一类是精神激励。

其中物质激励主要包括薪酬机制、股权机制、对赌机制以及裂变机制，而精神激励主要讲的是荣誉机制（如图 5-2 所示）。在物质激励机制中，股权机制是重中之重。股权机制的重点则是"倒推股权"。

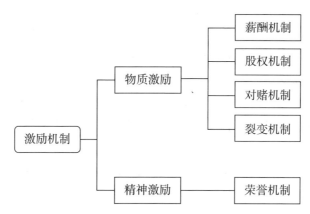

图 5-2　激励机制的两大类别和五大机制

与一般正推股权方案以岗位价值评估股权分配或直接平均分配股权的方式不同，倒推股权的核心要素是找到关键人，也就是企业的合伙人，然后根据合伙人的实际需求与工作能力以及未来创造价值的能力，来倒推有效激励合伙人需要付出的股权份额。

一般来说，门店老板可以通过对市场范围内同类型企业的监测，按照同等级别岗位薪酬的两倍甚至更高来设定合伙人的薪酬。最后，根据设定的薪酬来倒推合伙人应该占据的股权份额。

关键合伙人虽然只占企业总人数的 20%，但能产生 80% 的价值，因此，平均分配股权并不是科学、合理的方式。要想激励到位，倒推股权是最有效的途径之一。

（二）餐饮单个门店和连锁店的股权设计差异

股东在连锁企业中的股权代表对所有门店的权力，而单个门店的股权则只代表在这个门店的权力。如果三个合伙人想要设立一个品牌，做成连锁企业，那么首先要注册成立一家公司，然后以约定的比例（如 5 : 3 : 2）向这家公司注资，再以这家公司的名义开设多家门店，由该公司向门店进行投资，而非三个合伙人直接出资。

此时如果有第四个人想要入股，他可以选择向该公司投资，也可以选择向某个门店投资。已有的合伙人既可以选择让他投到品牌公司中，也可以让他投到单店的股权中。如果该投资者选择将资金投入公司中，那么就需要对公司进行估值，如果公司发展较好，估值比三个合伙人实际出资高，那么就发生了品牌溢价；而如果他想向单个门店投资，那就与公司按照投资比例分配单个门店的股权。

和其他行业相比，餐饮企业可以通过连锁店或者加盟店的方式快速扩张，这是餐饮行业的优势，一个成熟的餐饮企业可以通过开设多家门店进行连锁经营。

虽然我们一直都在强调母公司的作用，但是母公司对门店是不是控股没有太大关系。因为门店的品牌、门店的供应链、门店的管理体系都是母公司提供的，甚至管理团队也是母公司委派的。基于门店这样的特殊性，门店的股权完全可以面向社会众筹，包括面向员工众筹，这样一方面可以实现杠杆收益，另一方面可以让员工更有归属感。

（三）门店的"主人翁"机制

相信不少企业都有这样的困境，想通过激励团结大家一起做好企业，可又无从下手。最合理的激励模式就是谁创造价值谁获得价值，简单地说，就是按劳分配。但一般来说，大部分企业的业务都非常复杂，绝大部分工种都无法像计件工资一样较为准确地评估它的价值。而且，由于企业在不同发展阶段往往会采用不同的激励方案，随着企业不断发展，就会出现前一阶段的激励制度落后于现阶段发展的状况。

案例 42：百果园的"共生"模式

2001 年，百果园成立，依靠加盟模式，从 1 家门店迅速扩张到了 100 家门店。加盟成为百果园快速扩张的利器。但加盟是把双刃剑，坏处就是加盟商良莠不齐，当年的营商环境远远不如现在健康，加盟店出现了窜货、私自采购的乱象，严重损害了百果园的口碑。为了挽救局面，从 2007 年开始，百果园用近 3 年的时间对加盟店进行整顿，包括门店回购、采用门店合资等直营管理方式，强化统一管理，为第二次加盟转型打下了"加盟发展，直营管理"的基础。

余惠勇深知水果行业的特殊性，在2018—2019年持续调整加盟模式，加速开店，到2021年年底，百果园共有5351家线下门店，其中自营店仅有15家，剩下的5336家全部是加盟店。

加盟店占比如此之大，要怎样克服加盟带来的管理难题？其中非常关键的一项举措就是设计激励机制——如何分蛋糕，才能更好地做大蛋糕？

经历了多年的加盟模式摸索，百果园形成了一套独有的以信任为基础的加盟管理模式。百果园的加盟管理模式有三个关键之处。

一是招募"老板"而不是"投资人"。

加盟是零售业快速具备规模优势的普遍打法，但常见的加盟模式实际上是将加盟商变成"财务投资者"，门店的实际运营则由品牌商负责，甚至有些品牌商还负责店员的聘用和管理。这样的加盟模式确实能快速打开市场，但扩张带来的管理难题也会呈指数级上升。

百果园对加盟商的角色是有要求的，要求加盟商必须是这家店的实际店长。店长必须是老板，这是百果园加盟体系的核心。因为百果园加盟发展需要的不是资金，而是人，甚至有内部员工认为："如果不能实现这一点（店长必须是老板），其实百果园就谈不上成功，不管开多少店，最终都是会失败的。"

为什么百果园会选择这样独特的加盟模式呢？

在前文中也曾提到，早在百果园成立初期，余惠勇就笃定加盟是百果园必须走的一条道路，因为那时他就感受到水果这种周期性强、变数大的商品对管理者的主观能动性要求非常高。什么人的主观能动性最强呢？那一定是门店的老板，或者是有老板心态的管理者。如果指望一个普通员工去管理门店，是很难做好水果生意的。这就是百果园坚持这种独特加盟方式的底层逻辑。

当然，随着公司和门店的不断发展，有一部分加盟商开了一家门店后可能还想再拓展。如果只开2家门店，那么一个人或许还忙得过来，但是开到3家、4家、5家，甚至更多家门店的时候怎么办呢？在这种情况下，百果园就会要求加盟商有履约辅助人（店长）来协助他，并鼓励加盟商给予履约辅助人门店股份以激励他，而不能仅给他固定工资。

二是加盟发展，直营管理。

加盟店经营者的主观能动性固然非常重要，但不是唯一重要的，采用适合的经营原则和方法也十分重要。这就要求品牌商有一套成熟、高效的运营体系赋能加盟商。通过加盟的模式寻求发展，但采用直营管理的方式来运营加盟门店，这就叫"加盟发展，直营管理"。与一般的加盟模式比，百果园的加盟模式的特点是强管理，加盟商必须在百果园统一的产品标准体系、运营体系、培训体系的指导和规范下运营门店。

三是共生分享。

百果园采取的是按照毛利额阶梯累进式收取特许经营资源使用费的方式。这体现的是一种共生关系，一损俱损，一荣俱荣。

如果按照分成方式的不同来对整个加盟行业进行分类，那么，加盟商与品牌方的合作关系从松到紧有以下几种。

第一种是按照配送额分成。品牌商根据加盟商的提货额进行分成，至于加盟商拿了货之后能不能卖出去，那是他们自己的事情，和品牌方没有关系。这是最浅层次的一种加盟合作关系。

第二种是按销售额分成。品牌商根据加盟商的销售额进行分成，如果加盟商卖不出去，品牌方也拿不到收益。在这种分成方式下，双方的关系就更近了一层，品牌方会更有动力帮助加盟商销售。

第三种是按毛利额或净利润分成。品牌方根据加盟商所在城市的消费水平以及加盟商的毛利额采用不同的分成比例，收取一部分特许经营资源使用费。这是特许经营模式中品牌方与加盟商绑定程度最深的一种，也是百果园正采取的模式。具体来看看百果园的加盟模式，如图5-3所示。

模式A的前期投资费用相对较高，但店铺全权归属于加盟商。在这种模式下，品牌方根据加盟商盈利的不同区间收取不同的特许经营资源使用费，盈利越高收取的特许经营资源使用费越高。比如，在一个消费水平和租金费用较高的城市，百果园通过核算得出：当门店的月毛利额小于6.2万元时，收取3%的特许经营资源使用费；如果毛利在6.2万~12万元，按照线上9%、线下15%的比例收取特许经营资源使用费；如果毛利额超过了12万元，则按照线上9%、线下25%的比例收取特许经营资源使用费。

模式B主要是针对资金较为短缺的意向加盟商。比如一个加盟商想再开一家门店，但是缺少资金，百果园可以负责装修和设备投资，这样，开一家

加盟模式A	加盟模式B
总投资费用 27.7万~29.7万元	8.5万元

	加盟模式A	加盟模式B
固定投资	● 加盟费3万元	● 加盟费3万元
	● 选址评估服务费1.5万元	● 选址评估服务费1.5万元
	● 招牌设备费（工程）6.2万元	⊗ 招牌设备费（工程）6.2万元
	● 信息设备3万元	⊗ 信息设备3万元
	● 门店装修预估款10万~12万元	⊗ 门店装修预估款10万~12万元
流动资金	● 商品预付款3万元	● 商品预付款3万元
	● 履约保证金1万元	● 履约保证金1万元

• 总投资费用合计不含店铺转让费和租赁押金。
• 特许经营资源使用费按门店销售毛利额阶梯式累进收取。

图 5-3　百果园的两种加盟模式

门店只需要 8.5 万元。采取模式 B 的门店虽然在分成比例上会高于采取模式 A 的门店，但是也能保证店长的老板心态。百果园同样按照 6.2 万元以下、6.2 万~12 万元、12 万元以上这三个档次计算，列明了模式 B 的特许经营资源使用费收费标准：月毛利额在 6.2 万元以下的门店，收取 8% 的特许经营资源使用费；月毛利额在 6.2 万~12 万元的门店，按照线上 14%、线下 20% 的比例收取特许经营资源使用费；月毛利额在 12 万元以上的门店，按照线上 14%、线下的比例收取 30% 收取特许经营资源使用费。

正因为百果园有自信帮助加盟商盈利，所以才会将自己与加盟商的利益绑定在一起，深度参与每一家门店的运营，而这也进一步赢得了加盟商的信任。

二、餐饮门店裂变

（一）连锁门店扩张的核心问题

那么企业究竟如何才能实现快速开店的目的呢？既然从外部寻找不是一种可行的策略，那我们不如从企业内部下手，通过内部培养的方式，由老店长或区域经理培养足以担任合伙人的新店长，然后再去增加门店的数量、扩大市场的规模，这就是所谓的裂变式扩张。

实际上，裂变式扩张模式同时解决了连锁门店在飞速扩张阶段的两个核心问题。

第一，确定了合适的店长人选。通过内部培养方式成长起来的管理者，本身就比较了解门店的运营模式，所以在老店长或者区域经理的教导下更容易成功出师，到新店长的岗位上也能快速适应工作。

第二，确定了合适的新门店选址。在具体的执行过程中，裂变式扩张奉行的逻辑是先培养合适的新合伙人，再让他们去开设新门店。而在选址的过程中，不是仅由缺少经验的新店长自己做决断，连锁品牌的总部和培养新店长的老店长或区域经理也会站在自己的角度给予客观、合理的意见，帮助新店长找到最合适的开店位置。

所以，和传统的直营店、加盟店或联营店相比，在连锁门店高速扩张的开始阶段，虽然成功门店的数量较少，裂变的基数较小，裂变式扩张的速度无法与传统模式相提并论；但因其能够培养出完美匹配门店经营模式的新店长、能选出适合新门店发展的优质店址，所以裂变式扩张早期开设的门店，基本能生存下来，这是凭借资本和销售能力进行扩张的传统模式所不具备的优势。

更可贵的是，当门店数量增长到一定规模后，裂变技术的改善会使扩张速度呈几何式爆炸增长。稳中求胜，厚积薄发，从某种程度上来说，连锁门店的裂变式扩张是一种可以让企业持续扩张的良性增长模式。

如图5 4所示，裂变门店有四种具体方式。什么是"老店长看老店，新店长看新店""老区域经理看老区域，新区域经理看新区域"呢？简单来说就是老店长、老区域经理培养出新的店长、新的区域经理之后，自己依然留在原有门店当中，继续从事管理和经营工作；而培养出来的新店长或新区域经理则需要自己去"开疆拓土"，建立属于自己的新门店、新区域。

相应地，"新店长看老店，老店长看新店""老区域经理看新区域，新区域经理看老区域"指的就是老店长、老区域经理培养出新的店长、新的区域经理之后，由新人接替自己原来的工作，自己去执行"开疆拓土"的任务。

不同的裂变方式各有优劣，那么对于企业来说，应该如何选择适合自己的方式呢？这里有两个考量标准：一个是企业自身的业务性质；另一个是企

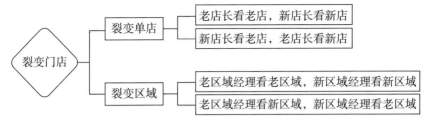

图 5-4　裂变门店的四种具体方式

业对于合伙人的激励制度。

案例43：喜家德虾仁水饺358股权实践

从2019年开始，连锁餐饮企业进入了全民合伙时代。将品牌企业做成平台形式，让员工入股成为门店的合伙人是其激励的核心理念。即员工不再是门店的员工，而是门店的加盟商。喜家德水饺的"358模式"正是这一激励理念的体现。那么，到底什么是358模式？

"3"就是3%，即所有店长考核成绩排名靠前的，可以获得干股"身股"收益，这部分不用投资，是完完全全的分红。

"5"就是5%，如果店长培养出新店长，并符合考评标准，就有机会接新店，成为小区经理，可以在新店"投资入股5%"。

"8"就是8%，如果一名店长培养出了5名店长，成为区域经理，并符合考评标准，再开新店时可以在新店"投资入股8%"。

另外还有"20"，就是20%，如果店长成为片区经理，可以独立负责选址经营，此时就可以获得新店"投资入股20%"的权利。这种方式极大地调动了店长培养人才的积极性。并且店长与新店长之间利益相关，沟通成本极低。

门店合伙人利益关联方如图5-5所示。

第一，激励效果好。358模式经过持续应用，现在喜家德虾仁水饺在全国有420家店，在同品类门店中扩张速度最快。在薪酬待遇方面，一个普通的餐饮门店的店长，一年的收入是10万~20万元，但是在358模式下，喜家德的店长一年能够拿到100多万元的高薪，远远高于同行薪酬水平。

第二，员工流失少。358模式极大地调动了店长培养人才的积极性，在连锁企业快速扩张之时保证了人才的输送，解决了连锁企业发展最大的难题。喜家德优秀店经理的流失率基本不到5%，享受到358模式优势的小区域更是

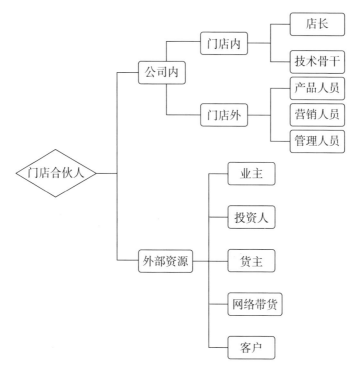

图 5-5　门店合伙人利益关联方

全年零流失，而普通餐饮企业的流失率在 30%~50%。

第三，裂变速度快。3% 的身股收益不受年限和资历的限制，而获得 5% 投资入股的资格，平均只用不到 19 个月；在此基础上再经过 14 个月左右，又可以获得 8% 投资入股的资格。

正因为合伙店规避了传统直营店扩张效率低、监督管理成本高、联营店前期投入成本难控制等问题，实现了企业与合伙人的共同盈利，所以合伙店模式会在需要快速扩张的企业中得到进一步发展。

（二）餐饮连锁门店合伙人的股权应用

餐饮连锁门店合伙人的股权应用如图 5-6 所示。

门店合伙人模式中最常见的一种，就是把门店的店长或区域经理变成合伙人，让他们拥有相应的门店经营权限。对于连锁门店来说，店长和区域经理是门店或区域提升业绩最关键的因素之一。

但是，超过80%的连锁门店很难找到足够优秀的店长和区域经理，更难把优秀的店长和区域经理留下来，这种情况会严重掣肘连锁门店的快速发展。

我们针对服务过的企业客户进行了细致的统计，从中发现了一个规律：在不考虑商品类型、门店位置以及营销方案等因素的情况下，普通水平的门店店长和区域经理，在优秀的激励机制下，可以为门店带来20%的业绩提升；优秀的店长和区域经理，在普通水平的激励机制下，同样也可以使门店业绩提升20%；但当优秀的店长和区域经理与优秀的激励机制搭配在一起的时候，门店业绩的增长幅度可以达到惊人的50%。

换句话说，只有优秀的人才搭配有效的激励方案，才能真正实现门店业绩提升的目的。其实在现实当中，很多连锁门店在组建合伙人团队的时候，会建立相应的激励机制，只不过因为激励目标选择偏差以及激励方案设计不合理，激励常常失效。

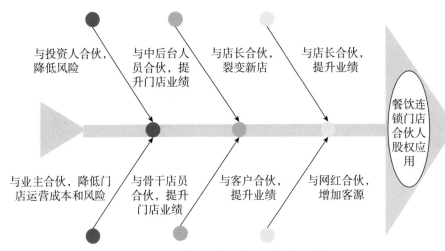

图5-6　餐饮连锁门店合伙人股权应用

案例44：知名餐饮连锁快餐品牌——HD

之前设计的股权激励方案是这样的：每个门店的店长的股权比例为10%，3个店员每人的股权比例为5%。刚开始执行股权激励的3个月内，员工的工作积极性有所提高，离职率有所降低，门店业绩同比提升了5%，费用同比降低了10%，门店净利润同比提升了10%。

　　但3个月之后发现，门店业绩又回到了以前的水平；在执行股权激励的半年内，企业的收入不但没有提升，反而降低了；另外，员工也开始抱怨投资没有得到应有的回报，不但工作积极性越来越差，离职率也再次提高。

　　问题出在哪里呢？通过对这家企业财务数据的分析，我们发现门店作价为20万元，年利润通常在12万元左右，实行股权激励的前3个月，每个月净利润增加10%，即每月的净利润为1.1万元，店长股权比例为10%，每月分红为1100元；店员股权比例为5%，分红为550元。看似获得了额外的收入，但对于店长来说，自己的月工资原本就有10000元左右，现在需要投资20000元，还要付出很大的努力才能额外获得1100元的分红。如果没有股权激励，即便门店的运营只维持在正常水平，自己也有10000元的收入，而且还不用额外投资20000元。两相对比，店长自然会感觉自己付出的努力和投资没有得到应有的回报，而店员也有同样的感受。长此以往，店长和店员自然会对本就有限的激励效果产生抵触，积极性下降，甚至产生另谋高就的想法。

　　而对于门店来说，在执行股权激励方案之前，企业持有100%的股权，每月有10000元的收益；但在执行股权激励方案之后，门店业绩虽然达到11000元，但企业只能分配75%的红利，即8250元。也就是说，在实行股权激励之后，虽然门店业绩得到了提升，但企业的收益反而减少了，而且随着后期门店业绩的回落，企业的收入被进一步压缩。

　　产生该问题的主要原因是，第一，企业没有找到优秀的店长和员工，采用一视同仁的激励方式。但即便普通的店长和员工得到股权激励，其个人成长能够为门店业绩创造的增量空间也相对有限，达不到预期的效果。第二，股权分配的比例不合理，店长和员工从股权激励中得到的收益太少，感受不到激励的效果。

三、餐饮企业的阿米巴

　　阿米巴模式就是将企业划分成若干小组，然后这些小组就可以分裂复制。以各个小组为核心，自行制定计划、独立核算、持续自主成长，可以让每位员工成为主角，然后全员参照经营，靠集体智慧推动整个企业的快速成长。

1998 年到 2005 年，某餐饮企业提出了市场链和人人都是战略业务单元（Strategic Business Unit，SBU）的理念。SBU 就是战略业务单元，目的就是要把人强行推到市场面前，以破解组织扩张之后效率低的问题，这也为日后提出"人单合一"打下了坚实的理论基础。

通过梳理该餐饮企业的发展史，我们看到如何划分小经营单位、激发一线活力，一直是该餐饮企业探索的方向。从 2005 年开始，该餐饮企业开始推行人单合一的理念，"人"指的是员工，"单"指的是消费者，"人单合一"就是员工给消费者创造价值的同时实现自身价值，达到双赢的结果。这和稻盛和夫的"在追求全体员工物质和精神两方面幸福的同时，为人类社会的进步发展作出贡献"何其相似。在人单合一的管理实施过程中，该餐饮企业的指导思想是对外创造用户价值，对内把大企业变小，让每个员工都成为 CEO。

人单合一双赢的路径是这样：每个自主经营体，在可靠的成本预算和市场预算前提下，及时地满足客户需求，为客户创造价值，然后获得自我价值。

2013 年该餐饮企业提出"三无"的观念，企业无边界、管理无领导、供应链无尺度。2014 年，该餐饮企业战略推进的主题是"三化"，企业平台化、用户个性化和员工创客化。

在该餐饮企业的大平台下，目前已经有 39 个小平台。在这 39 个平台上，该家电企业内部成立了若干个小餐饮企业。其中最深刻的转变是团队和员工的关系，由雇佣关系转变为合作关系。这也正是企业提出员工创客化的初衷，企业和员工解除原来的雇佣关系，现在每个人都是创业者和合伙人，企业和创业者是共创共赢的关系。

案例 45：一家传统的中餐厅，三年如何能开出 100 家餐饮店[①]

一家传统的中餐厅，三年开了 100 家店，并且几乎家家成功。店面管理层自动自发工作，股权在其中扮演了催化作用。该家餐厅在业界获得广泛关注。我们来看这家企业的股权操作细节。

1. 店面管理层在店面跟投

企业在店面开业之初，强制店面的管理团队跟投，比例如表 5-1 所示。

---

① 资料来源：https://zhuanlan.zhihu.com/p/67422260。

表 5-1 餐饮门店管理团队的股权跟投

职位	比例（%）	出资方式	出资时间
厨师长	5	现金	一次性
店长	5	现金	一次性
副店长	2.50	现金	一次性
前厅经理	2	现金	一次性
优秀员工（1~2名）	2	现金	一次性

上述人员出资后，经营的责任心和热情自然而然会比员工不出钱要高。鉴于中餐的特殊性，店面负责人以厨师长为主。企业鼓励店长和厨师长是夫妻的优先投资入股，这样不仅财务完全一体，而且工作时间根本不分上班和下班，白天和晚上。

2. 利益绑定，强制裂变

企业要求，店长、厨师长必须在一年之内培养出一套新的管理班子。新的管理班子培养出来后，原管理班子按照原入股比例去开新店，原店面的股份保留。同时，新管理班子按原管理团队的股权比例出资购买该店面的股权，如新管理团队中有成员已有该店面的股权，则差额部分由企业的大股东出让。

3. 岗位考核，利益挂钩

店长、厨师长的工资在店面领取，厨师长月工资2万元，店长月工资1万元。如店面连续三个月亏损，店长、厨师长将被调离，店面股权保留。新的店长、厨师长没有股权，如果经营得好，两年之内将会获得按原始价格投资店面的机会。

店面人员工资之和不得超过店面净收入的20%，超过20%的部分由管理层借支，年底分红时从管理层的分红中扣除。相应地，如果结余，则结余的部分对管理层奖励，赏罚分明，责任到人。

店面的净利润必须达到15%，否则视为管理不合格，影响到店面管理层的分红。对厨师长个人也有业绩考核，必须下一线，防止"懒政"。

4. 部分政策倾斜，照顾员工心理

如果有部分店面因为选址不当造成经营不善，则选新址开店面，原有店面关闭。在新开的店面中，原店面管理层不用出资，股权仍为原店面的比例。这样员工的心理压力会减小。

5. 向上发展空间

对店面设定利润指标，如果店长、厨师长班子的利润达到1000万元，则该班子可以获得总部1%的股权，员工可以获得品牌未来发展的溢价。

该餐饮企业通过员工在店面的平台创业加裂变机制，迅速占领市场，获得消费者的认可，并取得了良好的经营绩效。

虽然门店合伙人的发展对于餐饮连锁门店的经营有重大的促进意义，但并不是所有餐饮企业都适合使用门店合伙人模式。简单来说，餐饮风格、产品质量、经营效果一般的连锁门店即便使用门店合伙人模式，也会因自身发展的局限性而很难吸引投资者。

所以，为了避免经营资源的浪费，餐饮企业在连锁品牌搭建门店合伙人体系之前，首先要确认自己是否适合使用门店合伙人模式。

第六章

餐饮企业股权风险的规避

" 把别人的经验变成自己的，

他的本事就大了。

——毛泽东 "

一、餐饮企业股权的风险管理

餐饮企业在股权落地实施中，难免会产生诸如股权架构不合理、股东矛盾等纠纷，而这往往会涉及人事关系、管理关系。如处理不好往往会对企业管理运营产生很大的消极影响，严重的可能会造成企业解散。所以要在企业进行股权实施时就做好合理的规划。

（一）合规管理风险

股权合规管理，是指以有效防控合规风险为目的，以企业经营管理行为为对象，开展包括股权落地合规制度制定、合规审查、责任追究、合规绩效评价等有组织、有计划的管理活动。股权架构设计的合规风险管理主要指股权架构要符合相关的法律法规要求，在法律规定的范围内进行布局。

在餐饮企业股权合规管理中，主要涉及以下内容。

（1）企业设立合规（企业设立程序、企业架构设置、股权结构设计、章程设计等）；

（2）行使股东权利合规（认购权、分配权、分红权、表决权、知情权、经营权等）；

（3）权力机构合规（股东会、董事会、监事会、股东大会等程序及内容等）；

（4）股东资格取得合规（出资、受让、继承、代持等）；

（5）企业资产资金合规（企业与股东之间资金往来、企业与股东控股企业之间资金往来等）；

（6）股东履职合规；

（7）企业对外交易合规（借款、担保、抵押等）；

（8）关联交易合规；

（9）股权投资合规；

（10）股东退出制度合规（取消股东资格、转让、减资、回购等）；

（11）企业变更合规（增资、减资、合并、分立等）；

（12）企业解散合规（注销、清算等）。

1. 股权架构的依据合规

保证股权设计各环节、各要素合法合规，是维护股权架构稳定发挥作用的基石。餐饮企业在进行股权设计时，必须在完全符合法律、行政法规等规定下进行，这可以帮助企业在发展过程中尽可能减少各类风险的发生。

涉及餐饮企业股权的法律法规主要包括《中华人民共和国公司法》《中华人民共和国证券法》《中华人民共和国公司登记管理条例》等。

股权设计的合规具体包括出资主体的合规、出资方式的合规，还包括股东人数的合规、与股东签署的相关协议合规、架构流程合规等。

2. 对股东资格的确认

认定股东资格的依据，具体体现为公司章程、工商注册登记、股东名册、出资证明书、实际出资情况证明等记载股东相关资料。此外，不能存在不具备股东资格却成为企业股东的情况存在，比如公务员成为企业的股东等情况。

3. 发起、出资人数的合规

出资人数的合规即组成公司的基本人数要符合法定要求。《公司法》第四十二条规定：有限责任公司由一个以上 50 个以下股东出资成立"；第九十二条规定，"设立股份有限公司，应当有 1 人以上 200 人以下为发起人，其中应当有半数以上的发起人在中华人民共和国境内有住所。

（二）股权架构不适的风险

每一种股权分布都有它的肯定和积极意义，但一个合理的股权设计可以让企业日后避免诸多不必要的纠纷和麻烦。诸多失败的合伙人，其导火索都是一份失败的股权结构设计。

1. 平均式股权——股权架构的雷区

在股权的多种架构方式中，危害最大的一种就是平均分配的股权架构。因为在企业的创立和发展过程中，每个股东或者合伙人所发挥的作用是不一样的，所做的贡献也是不同的。将股权进行均分，就是认为大家的贡献程度相同，很容易出现各股东和合伙人的贡献和收益不对等的情况。一旦他们出现分歧，就会因为股权均等而不能快速应对企业面临的问题，最终影响企业的发展。

案例46：大股东相争，小股东受益

某餐饮企业有3名股东，甲、乙两个股东各占47%的股份，丙占6%的股份。《公司法》规定股东会作出决议，应当须代表过半数表决权的股东通过。甲、乙两方意见不统一时，小股东丙支持哪一方，哪一方的意见就能够形成有效决议。甲、乙为了自己能控制企业，都向丙示好。最终是丙实际上控制了企业的股东决议及企业发展方向。

2. 小股东的联合——公司僵局的风险

餐饮企业股权架构时除了犯平均股权错误，还有一个方面也不可忽视，那就是当其他股东团结一致时就可以实现控股，第一大股东难以对抗反而有失去企业的决策权和管理权的风险。因此，大股东采用这种架构，相当于给企业日后的健康发展埋下了一个极大的隐患。

因此，在进行股权架构时，要避免容易导致企业僵局的下列股权比例设置，即失去控制权的股权架构。诸如股权结构为65：35或40：40：20或50：40：10等可能产生股东纠纷的分配比例。诸如65：35这样的股权结构设置是一种有大小股东的股权架构，或许在企业早期的快速发展彼此会相安无事，但随着企业后续的发展壮大往往会发生企业道路选择、利益如何分配等矛盾，随着利益、权力分配的冲突日趋明显，小股东可能会行使投票权否决企业重大事项，使企业丧失决策迅速适应市场快速变化的优势。而类似于40：40：20的股权架构可能会导致两大股东都希望联合小股东控制企业股东（会）决策的情形，50：40：10的股权架构则易出现小股东联合导致出现企业僵局的可能性。

但是，我们在实际生活中也会看到很多餐饮企业老板通过各种股权架构来掌握企业的控制权。只有掌握了企业的控制权，企业的发展才不会偏离方向。

3. 股权分散——无核心股东的风险

所谓股权过于分散，指餐饮企业的股权分散在较多的股东手里，核心大股东持股比例过低。最大股东掌握的股权比例也只有20%、30%。这种股权架构看似将股权分给了更多的股东，但其弊端也很明显。首先，企业没有真正有控制权的股东，容易造成股东们为了自己的利益而争权夺利、各自行动。在企业需要快速应对市场变化和商事行为时容易决策效率低下，从而损害企业的整体利益。其次，这样的股权架构在融资市场是不受欢迎的，股权分散、核心创业者持股比例过低在投资人眼里就是未来的收益难以确定，企业发展充满风险。最后，这样的股权架构还容易导致核心大股东股权再次被稀释的风险。

4. 股权比例不适——团队解散的风险

股权比例与其持有人的贡献不对等。这是股权结构设计的硬伤，也是导致餐饮企业分家的重要原因。股权架构应充分考虑影响股权比例的三个因素：股东身份、出资额、岗位贡献。

"真功夫"股权架构埋隐患参看第一部分案例。

事后复盘来看，导致"真功夫"内乱的原因很多，其中有企业创始人的个人性格、股东对企业的发展理念不同及选择道路不同等原因，但其股权结构和企业治理设计畸形无疑是最重要的因素。如果企业股权架构合理，企业治理结构科学，相关治理制度严谨的话，二人的性格和掌握的资源，其实恰好可以互补。即使矛盾不可调和，也可以用制度化解，一方在控制权上形成妥协。

5. 权力之争——公司治理失衡风险

股权架构的重点之一是保持控股股东的控制权，但维持控股股东控制权的一个附带结果是企业治理失衡。餐饮企业的创始人绝大多数都是企业的控股股东。在这种一股独大以及高度集中的所有权结构下，控股股东与小股东之间的利益冲突在所难免，控股股东通过控制董事会和人事任免来掌握企业。控股股东和管理层为实现个人私利，更容易侵占企业财富和中小股东利益，"掏空"企业，从而损害企业及中小股东的利益。

在企业治理中，餐饮企业的"三会"对控股股东的制约作用有限，同时相关法律法规不尽完善、企业治理的问责与追责机制畸形和失灵，都会导致企业治理失衡风险。

对控股股东监督和管控是企业治理的重点，但是如果只依靠规章制度来约束，很容易产生理论和实际两张皮的问题。约束制度解决不了源头问题，控股股东与中小股东的信息不对称、监督不到位和利益不一致是问题的根本原因。中小股东有着与控股股东不同的价值取向，尽管他们以追求价值增值为根本，但在具体方式上更为短期化，难以形成对企业的绝对忠诚。企业治理失衡的解决思路应该是让控股股东中小股东之间的利益尽量一致、监督尽量容易、目标最大程度一致，而股权激励正是在这些因素的最大公约数上来解决控股股东和中小股东之间利益不一致的问题。

（三）餐饮企业股权的外部风险

餐饮企业在进行股权架构时，为了解决资金困难和人才缺乏的问题，通常会将大比例股权分配给外部人员，初创期的餐饮企业在这方面尤为明显。但如果企业不能对股权进行合理规划，低估自己未来的发展前景和后续其他资源的贡献，那么很可能出现将大量股权给予初始股东和外部股东的情况。这不仅会削弱大股东对企业的控制权，还会对整个团队的凝聚力和积极性产生负面影响。

案例47：张青的二次选择

张青是某川菜餐饮企业的创始人，开始创业时找了一些外部"有知名度"的人员做兼职，并向其发放大量的股权。然而，这些外部人员既没有承担企业的经营风险，也没有像想象中的给企业带来收益，给这些人的股权与他们所做的贡献严重不匹配。时间一长，影响到了其他股东和后来者的积极性。

张青决定调整股权架构，把静态的股权调整为动态的架构。规定外部兼职人员通过考核可以转为全职员工，企业会根据实际情况向他们增发股权。不能全职的则需退出企业。

通过上述案例可知，餐饮企业创始之初引入外部资源的好处是解决燃眉之急，但是需要重新配置股权。这一时期创始人容易失去运营决策权的控制，创业者不应该提前发放比例过大的外部股权。对于只承诺投入资源，不负责管理、经营等工作的外部人员，创业者最好只对其分配项目提成，不与其进行股权绑定。

二、餐饮企业股权激励过程中的风险

（一）股权激励对象的合规

餐饮企业在进行股权激励时，要对激励对象进行严格把关，不得有法律禁止的人员参与公司的股权激励中。

法条链接

《公司法》第一百七十八条规定：有下列情形之一的，不得担任公司的董事、监事、高级管理人员：（一）无民事行为能力或者限制民事行为能力；（二）因贪污、贿赂、侵占财产、挪用财产或者破坏社会主义市场经济秩序，被判处刑罚，或者因犯罪被剥夺政治权利，执行期满未逾五年，被宣告缓刑的，自缓刑考验期满之日起未逾二年；（三）担任破产清算的公司、企业的董事或者厂长、经理，对该公司、企业的破产负有个人责任的，自该公司、企业破产清算完结之日起未逾三年；（四）担任因违法被吊销营业执照、责令关闭的公司、企业的法定代表人，并负有个人责任的，自该公司、企业被吊销营业执照、责令关闭之日起未逾三年；（五）个人因所负数额较大债务到期未清偿被人民法院列为失信被执行人。违反前款规定选举、委派董事、监事或者聘任高级管理人员的，该选举、委派或者聘任无效。董事、监事、高级管理人员在任职期间出现本条第一款所列情形的，公司应当解除其职务。

（二）工商登记变更合规

餐饮企业与被激励对象签订股权激励协议后，并不意味着被激励对象就自动成为企业的股东。采用实股激励的企业只有激励对象完成了工商登记的变更时，才能获得合法股东身份。采用虚拟股激励时也应注意协议和约定的合法合规性，以免出现股权激励操作不合规的风险。

（三）股权代持的法律风险

股权代持在餐饮企业中较为常见，因其具有隐秘性和灵活性，便于股东根据企业的需要从事商事行为。但由于隐名股东和工商登记股东不一致，也面临着法律风险。主要风险有：

1. 股权代持协议被否定的法律风险

根据《公司法》《民法典》规定的认定标准，如果设定股权代持的目的在于恶意串通、损害第三方利益、以合法形式掩盖非法目的或规避法律、行政法规的强制性规定的，则股权代持协议通常会被认定为无效。

2. 隐名股东难以向企业主张权益的风险

《公司法》原则上肯定了股权代持协议的法律效力，但投资权益并不等同于股东权益，股东权益包括分红权、企业经营决策等事项的知情权、参与重大决策和选择管理者的权利；以及自身权利受到损害的诉权。如隐名股东投资权益受到了损害，只能向代持股东主张，而不能直接向企业主张，存在权益受到损害的风险。

3. 代持股东损害隐名股东权益的风险

因代持股东名义上是股权的掌控者，由于信息不对等，在对内对外商事活动中很容易使相对方产生误判。同时代持股东恶意不遵守代持协议的现象也是层出不穷。这样会使隐名股东的权益受到损害。主要情形包括：代持股东不向隐名股东转交投资收益；代持股东重大决策事项、决策未与隐名股东协商及滥用股东权利；代持股东擅自转让、抵押、质押股权等。

4. 代持股东被要求履行企业出资义务的风险

企业的注册资本是在工商局登记的全体股东认缴的出资额，股东的实际出资时间应当在企业章程中载明，如企业在经营过程中发生债务诉讼，企业的债权人可以要求代持股东补足出资，用于偿还企业债务。如果企业资不抵债破产，代持股东面临着承担全部责任的风险。

案例48：隐名股东有效还是无效？

刘某系某餐饮有限公司（以下简称某公司）的股东、董事长和法定代表人。该公司拟于B轮定向增发后在全国中小企业股份转让系统挂牌。2023年

1月12日，王某（甲方、委托人）与邓某（乙方、受托人）签订《委托代持股份协议》。约定为：

甲方作为代持股份的实际拥有者，在代持期间，获得因代持股份而产生的财产收益，包括但不限于利润、现金分红，由甲方按实际持股比例享有。

在代持股份期间，乙方作为代持股份形式上的拥有者，以乙方的名义在工商登记中实名登记，并且在中国证券登记结算有限公司作为股东完成股票登记。甲方不参与有关某公司经营与发展的重大决策，代持股份对应的表决权等股东权利均由乙方行使。若甲方通过协议转让或做市交易无法达到年化25%的投资收益，则甲方有权要求乙方对代持股份进行回购。

后来某公司未能在全国中小企业股份转让系统挂牌，甲方在一年期满后无法实现约定的投资收益，遂诉至法院，主张双方签署协议的目的系取得固定收益，双方关系为名股实债，要求乙方返还款项并支付资金占用利息。

依据相关法律的规定，公众公司股东必须真实，不允许挂牌过程中隐匿真实股东。案涉协议违反相关法律法规及规章对于公众公司监管的规定，且相关规定涉及金融安全、市场秩序等公序良俗，对广大非特定投资人利益和社会公共利益构成重要影响，故该协议应属无效。

5. 股权代持风险管理

（1）选择合适的代持人。

隐名股东在选择代持人时不仅应当考虑代持人的诚信品质，还应该评估代持人的其他情况，综合权衡选择是否需要代持。同时，合同双方或多方可以约定隐名股东在代持股票上设置质权，将被代持人或其指定的其他方设置为质权人，以获得潜在债务清偿时的优先顺位。

（2）签订代持协议要明确双方的权利义务。

协议必须清楚表明代持关系，隐名股东有哪些权利、义务，代持人保障隐名股东权益的措施，禁止代持人哪些行为，有无报酬，报酬如何计算等。此外，还要求代持人定期或不定期通报企业情况，随时了解企业财务状况等，对代持人的任何异动，要保持警惕。

（3）增强证据意识。

隐名股东与代持人签订代持协议的过程要留有资料，并应在实际出资时注意对资金转账环节留痕。注意收集、保存相关证据，如验资证明、股东会决议、企业登记资料等。

6. 股权转让的法律风险

餐饮企业股东在股权转让时有自主性较强、其股权流动不充分等特点，由此产生的纠纷在企业诉讼中的比例也越来越高。

○ | **法条链接**

《公司法》第八十四条规定：有限责任公司的股东之间可以相互转让其全部或者部分股权。股东向股东以外的人转让股权的，应当将股权转让的数量、价格、支付方式和期限等事项书面通知其他股东，其他股东在同等条件下有优先购买权。股东自接到书面通知之日起三十日内未答复的，视为放弃优先购买权。两个以上股东行使优先购买权的，协商确定各自的购买比例；协商不成的，按照转让时各自的出资比例行使优先购买权。公司章程对股权转让另有规定的，从其规定。

（1）股权转让的法律风险。

股权转让的法律风险主要有，有限公司的股权存在权利限制、受让未实缴的股权，受让人需承担该股权连带责任的风险；股权转让合同签署后，双方未按照合同约定履行权利义务，导致一方或双方权益受损；股权转让未取得企业其他股东同意的风险；股权转让的权利过渡期风险。

（2）股权转让的风险管理。

①在签订股权转让协议时，对可能产生风险的条款予以重点关注，对于应当经过企业股东会决定的事宜，应要求转让方提交相应的股东会决定。

②设置股权转让限制条款，主要是对企业的控股股东或大股东的股权转让设置一定条件，不得任其随意转让。

③确定转让的股权是否存在权利瑕疵，是否存在未出资和出资未到位的情况，是否有其他权利纠纷。

④股权转让合同签订且已经履行付款义务的情况下，应该尽快让转让方办理变更登记手续，此条款可以设置一定的违约责任，防止一方或他方不完全履行合同义务。同时做好变更原始股东名册、修改企业章程等配套手续。

7. 股东权益被侵犯的法律风险

股东权益被侵犯是指大股东利用对企业的控制权，损害小股东利益，进而引发纠纷。很多餐饮企业的股东权力难以实现科学、合理地分配，权力的不对等也使企业监督机构在保护企业权益，特别是中小股东权益上很难尽如人意。一般情况下，大股东利用信息差及"资本多数决"的优势，掌控股东会，继而操纵各层级人事任免，从而控制企业的内外事务，决定了企业的发展与命运。小股东由于出资比例不高，对企业治理缺少话语权，且相对较分散，也没有形成统一话语权的机制，因此在企业权力平衡和企业治理中处于不利地位。

（1）大股东对小股东的利益侵害行为。

①虚假出资、抽逃出资。

有限责任公司的注册资本是在公司注册机构注册的所有股东预约出资额。股份有限公司的注册资本是公司注册机构依法注册的、所有创始人预约的股东出资总额。股份有限公司采用招募设立方式设立的，注册资本为公司注册机构依法注册的实收股本总额。注册资本是衡量公司规模和履约能力的重要因素之一。若控股股东或大股东在实缴资本时有虚假出资或抽逃出资等未尽出资义务的行为，不仅会损害中小股东的出资利益，也会削弱企业的影响力和社会评价，损害其他股东的合法权益。

②通过关联交易转移企业资产或利润。

关联交易主要是指大股东与企业之间所进行的购买、销售、租赁、代理等方面的交易。如大股东在关联交易中恶意通过低价收购、高价出售等方式获取差价，或者通过高价提供低价产品等方式吸取企业利润及资产，或者通过关联交易转移企业资产或利润的都会对企业生产经营能力造成损害，相应地，小股东的权益也会受到损害。

③侵吞公司和其他股东的财产。

由于公司控股股东或者大股东的优势，非常容易按照自己的利益来决定企业的决策，典型表现是非法占用企业资产，占用其他股东财产，与第三人串通虚构企业债务或者以账目不清等为由拒绝分配利润等直接或间接方式侵吞资产，这些都会导致企业经营管理异常，从而损害中小股东的利益。

④滥用议事规则。

餐饮企业的大股东或控股股东在企业决议中拥有较大的表决权，实践中不乏大股东滥用议事规则，如滥用其表决权，任意决定企业的重大事项；为中小股东出席股东大会设置不合理的条件；任意罢免或者阻挠中小股东担任高管职务等。

案例49：小股东权益受损的维权路径

案例来源：（2019）苏03民终4006号

案情简介：2016年5月9日，被告A企业与被告B企业签订一份租赁协议，约定自2016年5月18日起B企业每月帮A企业偿还债务3万元直至债务还清，租赁期间对A企业的财产有全部使用权。其中A企业的股东为原告段某某和董某庭，B企业的股东为董某庭和董某营。

2017年6月，原告段某某以同业竞争为由向法院提起诉讼要求董某庭与董某营应停止同业竞争行为并承担相应赔偿责任，但最终以败诉告终。同年7月4日，原告段某某又提起股东知情权诉讼，要求A企业提供自2012年起至今的公司章程、财务报告供其查阅、复制，最终胜诉。此后原告以董某营与董某庭利用关联关系损害企业利益为由向法院提起诉讼，要求确认两被告间签订的租赁协议无效。

裁判结果：法院认为，该案租赁协议的实质内容属企业重大的经营事项，原告作为A企业的股东，依法享有参与企业经营管理的权利，但A企业在作出上述重大经营方针决定时，未依照法律或企业章程的规定召开股东会，因被告两企业系关联企业，且存在恶意串通的情形，损害了原告作为股东的合法权益，因此该租赁协议应当无效。

（2）股东权益被侵犯的风险管理。

实践中，如企业的中小股东权益受到侵犯，可采取以下救济措施。

①查阅账簿资料，掌握基本情况和事实，对已掌握的证据进行分类整理，视情况进行下一步维权。

②提起股东知情权纠纷的民事诉讼。中小股东在有事实证明自己权益受到损害的情况下，可以按照相关法律的要求提起民事诉讼。也可以通过诉讼和非诉结合的方式进行维权。

③如控股股东或大股东的行为触犯刑法及行政法规的。中小股东可通过刑事和民事途径进行双重保护；对于违反行政法的行为可向工商、税务、质检等监管部门举报。

（四）餐饮企业的股权合同纠纷

在餐饮企业进行股权激励面临的法律风险中，股东的任何纠纷都会潜在威胁企业的正常发展。因此，识别并提前预防这些风险成为企业管理者的必做题。一般来说，在股权合同纠纷中常见下列 7 类纠纷。

（1）股东资格确认纠纷（含隐名股东确认、股东资格的继受等）；

（2）股东出资纠纷（含未出资、未全部出资和出资瑕疵等）；

（3）股东权利行使的纠纷（含起诉权、知情权、新增资本优先权、利润分配请求权、股权回购请求权、股东诉讼代表权）；

（4）股权转让纠纷；

（5）公司收购股东所持股份的纠纷；

（6）股东损害企业、其他股东及债权人利益的纠纷；

（7）股东权利丧失的纠纷（含请求变更企业登记的纠纷、企业证照返还的纠纷）。

股东知情权是实现股东其他权利的基础和前提。《公司法》第五十七条规定：股东有权查阅、复制公司章程、股东名册、股东会会议记录、董事会会议决议、监事会会议决议和财务会计报告。股东可以要求查阅公司会计账簿、会计凭证。股东要求查阅公司会计账簿、会计凭证的，应当向公司提出书面请求，说明目的。此款赋予股东了解和查阅相关资料的权利。

《公司法》第五十七条规定：公司有合理根据认为股东查阅会计账簿、会计凭证有不正当目的，可能损害公司合法利益的，可以拒绝提供查阅，并应当自股东提出书面请求之日起 15 日内书面答复股东并说明理由。此款是对公司在何种情况下可拒绝股东的查阅请求。实践中，很多股东在行使知情权、要求查阅公司会计账簿等资料时，企业往往出于公司秘密的保护或以存在实质商业竞争，可能损害公司利益为由予以拒绝。

《最高人民法院关于适用〈中华人民共和国公司法〉若干问题的规定（四）》第八条规定：有限责任公司有证据证明股东存在下列情形之一的，人民法院应当认定股东有公司法第三十三条第二款规定的"不正当目的"：

（1）股东自营或者为他人经营与公司主营业务有实质性竞争关系业务的，但公司章程另有规定或者全体股东另有约定的除外；

（2）股东为了向他人通报有关信息查阅公司会计账簿，可能损害公司合法利益的；

（3）股东在向公司提出查阅请求之日前的三年内，曾通过查阅公司会计账簿，向他人通报有关信息损害公司合法利益的；

（4）股东有不正当目的的其他情形。

案例50：企业拒不兑现股权激励的纠纷

案例来源：北京市第一中级人民法院，（2015）一中民终字第1595号

案情简介：2010年10月10日，刘某入职A企业，担任首席财务官。企业向刘某出具的聘书载明：企业会按照拟实行的《员工期权计划》中的有关执行价格、等待期、行权方式等方面的规定，提供20万股激励性期权。但后来，《员工期权计划》并未公布实施，双方也未曾就股票期权问题达成相关协议。2014年2月17日，刘某与A企业解除劳动合同，双方就离职补偿金的问题发生纠纷。诉讼中，刘某主张，A企业应当依照当前股权价格，赔偿其股票期权经济损失55.02万美元。

法院认为：关于刘某要求A企业赔偿其股票期权经济损失的问题，因《员工期权计划》并未实际实行，双方也未就股票期权的具体事宜另外进行约定。在双方未明确约定股票期权的授予人、执行价格、等待期、行权方式等具体事项的情况下，刘某要求A企业赔偿股票期权经济损失55.02万美元，缺乏相应的事实和法律依据，不具有可执行性，本院对此不予支持。

《公司法》第二百一十条规定：公司分配当年税后利润时，应当提取利润的百分之十列入公司法定公积金。公司的法定公积金不足以弥补以前年度亏损的，在依照前款规定提取法定公积金之前，应当先用当年利润弥补亏损。公司从税后利润中提取法定公积金后，经股东会决议，还可以从税后利润中提取任意公积金。公司弥补亏损和提取公积金后所余税后利润，有限责任公司按照股东实缴的出资比例分配利润，全体股东约定不按照出资比例分配利润的除外；股份有限公司按照股东所持有的股份比例分配利润，公司章程另有规定的除外。从《公司法》的规定我们可以看出，股东请求分配企业利润须具备的实质要件是：

（1）企业当年存在税后利润；

（2）该税后利润已经弥补企业之前的亏损；

（3）该税后利润已经计提法定公积金、任意公积金。

需要满足的程序要件为：第二百一十条"按照股东实缴的出资比例分配利润"；第五十九条"股东会行使下列职权：（四）审议批准公司的利润分配方案和弥补亏损方案"；第六十七条"董事会行使下列职权：（四）制订公司的利润分配方案和弥补亏损方案"。

最高人民法院关于适用《〈中华人民共和国公司法〉若干问题的规定（四）》第十四条：股东提交载明具体分配方案的股东会或者股东大会的有效决议，请求公司分配利润，公司拒绝分配利润且其关于无法执行决议的抗辩理由不成立的，人民法院应当判决公司按照决议载明的具体分配方案向股东分配利润。即：

（1）公司的分配方案不得违反《公司法》及公司章程的规定，该股东决议不存在程序违法或内容违法的情形。

（2）如无召开股东会，仅由于公司存在利润的，股东不得直接要求分配。

案例中企业虽然与激励对象签订了相关协议，对执行价格、等待期、行权方式等方面有详细约定，但企业分配利润的实质条件和程序条件均未满足，因此法院认为事实和法律依据，不具有可执行性，未支持原告的诉讼请求。

三、股权融资过程中的风险管理

股权融资有利于拓宽企业特别是餐饮企业中小企业融资渠道，改善企业融资难的状况。同时我们也必须意识到股权融资是一把双刃剑，机遇与风险并存。餐饮企业不同发展阶段的融资需求如图 6-1 所示。从股权融资的各个阶段规避法律风险，步步为营，使企业的股权融资得以顺利进行和圆满完成。笔者在此仅就餐饮企业选择投资者时，针对不同的投资目的可能产生的风险进行分析。

餐饮企业首先应当明确股权融资的目的，是为了单纯的融资、部分股权套现、引入战略伙伴，还是为了最终上市。股权融资目的不同，所选择的投资者也不同。如果没有事先确定股权融资的目的而跟风进行融资，会在今后的股权融资进程中丧失方向并处于被动地位。

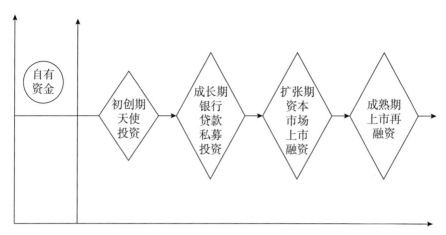

图6-1　餐饮企业不同发展阶段的融资需求

（一）融资误区

1. 融资金额不合适

餐饮企业初次进行融资时，融资金额要略多于计划融资金额。具体融资数额要根据企业自身实际情况及阶段性发展目标进行判断。首先，从管理和发展的角度看，每一轮融资所获得的钱，只要满足下一阶段要完成的经营需求就可以了，避免浪费。其次，融资意味着出让股权，融资金额过大，就意味着出让更多的股权。可能会导致企业股权架构的不稳定，下一轮融资时股权稀释的空间变小。最后，融资金额也不是越小越好，如融资后出现入不敷出的情况，会影响企业发展和投资人利益。

2. 双方融资的理念不合

对于餐饮企业来讲，融资的目的是获得资金和资源；对于投资者来说，投资的目的是获得财务回报，双方在融资过程中要了解彼此的目的是什么，尽量做到目标统一，防止企业在融资后发生因各自目的不同而分道扬镳的情况。

3. 股权与贡献度不匹配

企业在融资之前，要对未来的发展阶段和目标进行规划。在实际融资的过程中，要珍惜自己手中的股权。因为在企业资金短缺的情况下，出让股权来换取资金是一种出让自己权益的行为。股权总数有限，当企业进入 2 轮或 3 轮融资以后，股权就会变得越来越珍贵，虽然有些人员对企业发展贡献很大，但是如果能够用其他形式奖励他们，那就不要轻易给股权。

（二）投资者的对赌风险

对赌条款是投资人与融资方在签订融资协议时，由于对企业未来的业绩无法确定，双方在融资协议中约定的内容条款，对符合一定条件成就时，由投资人行使估值调整权利，以弥补高估企业自身价值的损失；如果没达到一定条件成就，则由融资方行使一种权利，以弥补企业价值被低估的损失。例如，当企业还处于天使轮融资时就和投资者签下对赌协议，投资者给企业设定了不合适的盈利的时间点，相当于让企业背负着沉重压力往前奔跑，很不利于企业发展。投资人基本"稳赚不赔"的策略与实施股权激励的初衷相反，本质上是让企业和创业者承担了无限责任。对赌条款可以有效保护投资人利益，实际上就是期权的一种形式。而企业一旦在对赌中失败，很容易就会失去对企业的控制权。

对赌条款的风险管理：

（1）在签署业绩对赌条款时，需要综合考虑，设置合理的业绩增长幅度。企业可设置分层次业绩、分期对赌，避免各方因业绩目标与实际不符而损失过大。

（2）合同起草、签订、履行的全过程严格按照《民法典》《公司法》的规定进行。避免产生对赌条款在法律效力上处于效力不明的情状。

（3）双方可签订双向对赌条款进一步体现合同的公平性，更好地平衡双方的成本和收益，也更有利于目标企业积极实现对赌约定的目标。

需要融资的企业在融资时，要对股权融资的基本运作规律和游戏规则有所了解，要了解如何与投资者进行沟通、谈判和合作，还要学会如何在合作过程中维护好自己的权益，规避融资过程中的各种风险。雷士照明、俏江南、太子奶等企业的创始人最终被迫出局的类似案例，在融资界并不少见。

四、税务合规风险

企业的税务风险管理是贯穿在餐饮企业内部管理和营销运营等多个环节基础上的，在企业进行股权架构、股权激励时，应充分考虑到未来股权的退出、转让、回购等情况。真正认识到股权相关税务风险管理的必要性，改善税务管控水平。

近年来，随着税务监管越来越严格，企业遭遇税务稽查的概率也越来越高。为了逃避纳税，部分餐饮企业和个人进行股权实务操作时，采用了非法的纳税筹划方案，这是必须杜绝的。

（一）股权投资中的税务风险

在进行股权投资时，都应该根据相关的税收政策缴纳必要的税费。

在餐饮企业中，有限责任公司和股份有限公司应按照《企业所得税法》的相关规定缴纳企业所得税，其法定税率为25%。

在个人独资企业和合伙制的餐饮企业中，通过股权投资所获得的利息或股息、红利，并不算入企业收入，而应该以投资者个人所得计算并缴纳个人所得税，其法定税率为20%。

在有限合伙的餐饮企业中，合伙企业中的每一个合伙人都是纳税义务人，当合伙人是自然人时，其需要缴纳个人所得税；而当合伙人为法人或其他组织时，其需要缴纳企业所得税。

如果采用非法的纳税筹划，未按照法律法规要求依法纳税，则要承担相应的行政责任、刑事责任。

（二）股权代持中的税务风险

从税务收角度来说，税务机关一般会将当事方的股权代持认定为普通的股权转让，依法向当事方征收股权转让所得个人所得税。显名股东作为登记在股东名册上的股东，依据企业所得税法、个人所得税法，其取得股息红利所得、股权转让所得，应当依法履行纳税义务。

如自然人代企业持股，通常需要代扣代缴显名股东的个人所得税。如果是企业直接持股且符合企业所得税法及其实施条例相关的条件，那么其居民企业之间的股息、红利等权益性投资收益为免税收入，法人股东无须缴纳企业所得税。实践中很多餐饮企业的管理者因为没有充分掌握相关知识，导致企业在股权相关事务中忽视了税收方面的风险。

（三）股权转让中的税务风险

（1）虚假评估。在股权转让的过程中，为了达到减少所得税的目的，部分餐饮企业和个人通过虚假评估的方式，降低转让标的价值。

（2）不按照规定纳税申报。在个人股权转让中，部分餐饮企业不进行代扣代缴和纳税申报，违反税务相关规定。

（3）签订"阴阳合同"。一些餐饮企业和个人会向税务机关提交一份虚假合同，达到逃税、漏税或骗取税款的目的。

案例51：餐饮企业的股东股权转让案

某餐饮企业注册资本100万元，认缴资本30万元。张小青是该企业的第三大股东，占股10%，但其实际并未出资。2020年年底张小青将其持有餐饮企业10%的股权无偿转让给赵先生。税务部门在例行检查中发现了上述问题，同时还发现，2020年10月餐饮企业的资产负债表列报显示所有者权益89888.9元（实收资本为0元，未分配利润为89888.9元）。税务机关因此要求张小青需要核定其转让收入并缴纳个人所得税。但张小青认为股权转让收入属于无转让所得，实收资本也是0元，其不需要缴纳个人所得税。

《国家税务总局关于发布〈股权转让所得个人所得税管理办法（试行）〉的公告》（国家税务总局公告2014年第67号）规定：

第十二条 符合下列情形之一，视为股权转让收入明显偏低：（一）申报的股权转让收入低于股权对应的净资产份额的；（五）不具合理性的无偿让渡股权或股份；（六）主管税务机关认定的其他情形。

第十三条 符合下列条件之一的股权转让收入明显偏低，视为有正当理由：（三）相关法律、政府文件或企业章程规定，并有相关资料充分证明转让价格合理且真实的本企业员工持有的不能对外转让股权的内部转让；（四）股权转让双方能够提供有效证据证明其合理性的其他合理情形。

第十四条　主管税务机关应依次按照下列方法核定股权转让收入：

（一）净资产核定法

股权转让收入按照每股净资产或股权对应的净资产份额核定。6个月内再次发生股权转让且被投资企业净资产未发生重大变化的，主管税务机关可参照上一次股权转让时被投资企业的资产评估报告核定此次股权转让收入。

（二）类比法

1. 参照相同或类似条件下同一企业同一股东或其他股东股权转让收入核定；

2. 参照相同或类似条件下同类行业企业股权转让收入核定。

由于该餐饮企业2020年10月的资产负债表列报的净资产（所有者权益）为89888.9元，张小青按照其股权占比，其所对应的净资产份额应为8988.89元。他无偿转让其10%的股权，属于明显低于其所有的股权对应的净资产份额，因此，应按上述相关规定核定本次股权转让收入并计算其转让所得。

五、刑事犯罪风险

（一）餐饮企业的股权众筹

股权众筹是指餐饮企业出让一定比例的股份，面向普通投资者，投资者通过出资入股企业，获得未来收益。这种基于互联网渠道进行融资的模式被称作股权众筹。

作为一种向不特定人群公开募集资金的方法，股权众筹最大的风险是变成"非法集资"。刑法中的非法集资是指非法吸收公众存款罪和集资诈骗罪，主要是指使用诈骗方法非法集资且数额较大的一种行为。非法吸收公众存款罪是指违反国家金融管理法规非法吸收公众存款或变相吸收公众存款，扰乱金融秩序的行为。集资诈骗罪是指以非法占有为目的，违反有关金融法律法规的规定，使用诈骗方法进行非法集资，扰乱国家正常金融秩序，侵犯公私财产所有权，且数额较大的行为。

股权众筹作为一种股权融资手段在国家政策层面是被允许的，但在实际操作中，由于股权众筹平台对目标企业会有一定的门槛，餐饮企业主体多为中小微企业，因为融资难或者融资渠道窄等原因，选择通过线下众筹的方式来获取资金。而这种不通过众筹平台，面向不特定人群进行融资的方式，很容易触及刑事犯罪的红线。

《最高人民法院关于审理非法集资刑事案件具体应用法律若干问题的解释》中第一条　违反国家金融管理法律规定，向社会公众（包括单位和个人）吸收资金的行为，同时具备下列四个条件的，除刑法另有规定的以外，应当认定为刑法第一百七十六条规定的"非法吸收公众存款或者变相吸收公众存款"：

（1）未经有关部门依法许可或者借用合法经营的形式吸收资金；

（2）通过网络、媒体、推介会、传单、手机信息等途径向社会公开宣传；

（3）承诺在一定期限内以货币、实物、股权等方式还本付息或者给付回报；

（4）向社会公众即社会不特定对象吸收资金。

由于股权众筹大多通过互联网进行筹资，很容易被认定为属于公开向不特定对象募集资金而涉嫌非法集资。因此，在股权众筹过程中，餐饮企业应当严格遵守证监会于2016年10月发布的《股权众筹风险专项整治工作实施方案》，严禁从事以下活动。

（1）擅自公开发行股票。向不特定对象发行股票或向特定对象发行股票后股东累计超过200人的，为公开发行，应依法报经证监会核准。未经核准擅自发行的，属于非法发行股票。

（2）变相公开发行股票。非公开发行股票及其股权转让，不得采用广告、公告、广播、电话、传真、信函、推介会、说明会、网络、短信、公开劝诱等公开方式或变相公开方式向社会公众发行，不得通过手机APP、微信公众号、QQ群和微信群等方式进行宣传推介。

（3）挪用或占用投资者资金。根据《指导意见》，互联网金融从业机构应当严格落实客户资金第三方存管制度，对客户资金进行管理和监督，实现客户资金与自身资金分账管理，平台应严格落实客户资金第三方存管制度。

在罪与非罪上，法规规定如非法吸收公众存款达到一定数额或造成严重后果的，则募集者或众筹者需要承担刑事责任。

《最高人民法院关于审理非法集资刑事案件具体应用法律若干问题的解释》第三条非法吸收或者变相吸收公众存款，具有下列情形之一的，应当依法追究刑事责任：

（1）非法吸收或者变相吸收公众存款数额在 100 万元以上的；

（2）非法吸收或者变相吸收公众存款对象 150 人以上的；

（3）非法吸收或者变相吸收公众存款，给存款人造成直接经济损失数额在 50 万元以上的。

非法吸收或者变相吸收公众存款数额在 50 万元以上或者给存款人造成直接经济损失数额在 25 万元以上，同时具有下列情节之一的，应当依法追究刑事责任：

（1）曾因非法集资受过刑事追究的；

（2）二年内曾因非法集资受过行政处罚的；

（3）造成恶劣社会影响或者其他严重后果的。

为了避免该刑事法律风险，股权众筹平台需要遵循三个规定来保障自身的安全：第一就是合格投资人认证及进入规则；第二就是投资人查阅融资项目信息及认购规则；第三就是对于股权众筹获得的资金，经营者要有明确的用途，那些以资本运作为目标的股权众筹，很容易演变为非法集资。

（二）职务侵占罪和挪用资金罪

餐饮企业的控股股东和大股东因为掌握着企业的人财物，在一些情况下可能会利用手中的权力为谋取个人收益而侵占企业财产和侵害小股东的利益。例如企业与成员之间相互投资或拆借资金，企业利用内部的财务漏洞贷款给个人等，而这样做的好处是可以提高资金的利用率。但是，这种关联交易容易造成大股东侵害小股东利益的情况。

职务侵占罪在《刑法》第二百七十一条的规定：公司、企业或者其他单位的工作人员，利用职务上的便利，将本单位财物非法占为己有，数额较大的，处 3 年以下有期徒刑或者拘役，并处罚金；数额巨大的，处 3 年以上 10 年以下有期徒刑，并处罚金；数额特别巨大的，处十年以上有期徒刑或者无期徒刑，并处罚金。

挪用资金罪在《刑法》第二百七十二条的规定：公司、企业或者其他单位的人员，利用职务上的便利，挪用本单位资金归个人使用或者借贷给他人，数额较大、超过3个月未还的，或者虽未超过3个月，但数额较大、进行营利活动的，或者进行非法活动的，处3年以下有期徒刑或者拘役；挪用本单位资金数额巨大的，处3年以上7年以下有期徒刑；数额特别巨大的，处七年以上有期徒刑。

上述两项罪名的犯罪主体都是企业的人员。这里的人员，包括兼具股东身份的高管或工作人员，也包括企业里手握权力的控股股东和大股东。

《公安部经侦局关于对非法占有他人股权是否构成职务侵占罪问题的工作意见》指出，对于企业股东之间或者被委托人利用职务便利，非法占有企业股东股权的行为，如果能够认定行为人主观上具有非法占有他人财物的目的，则可对其利用职务便利，非法占有企业管理中的股东股权的行为以职务侵占罪论处。

（三）擅自发行股票、公司、企业债券罪

擅自发行股票、公司、企业债券罪是指未经国家有关主管部门批准，擅自发行股票或者公司、企业债券，数额巨大、后果严重或者有其他严重情节的行为。

本罪侵犯的客体为国家的证券发行管理秩序及其社会公众、法人的合法财产权益，客观方面表现为未经国家有关主管部门的批准，擅自发行股票、公司、企业债券，数额巨大，造成严重后果或者有其他严重情节的行为；主体为一般主体，包括自然人和单位，所谓单位，指通过工商登记程序设立的或其他依法成立的"单位"，包括法人、非法人单位，均能成为犯罪主体；主观方面为直接故意，即不仅须明知其发行股票、公司债券需经国务院证券管理部门批准，而故意地未予报批，或者明知申报以后未经批准而擅自发行公司债券或股票。

《最高人民检察院　公安部关于公安机关管辖的刑事案件立案追诉标准的规定（二）》第二十九条规定：

未经国家有关主管部门批准或者注册，擅自发行股票或者公司、企业债券，涉嫌下列情形之一的，应予立案追诉：

（1）非法募集资金金额在 100 万元以上的；

（2）造成投资者直接经济损失数额累计在 50 万元以上的；

（3）募集的资金全部或者主要用于违法犯罪活动的；

（4）其他后果严重或者有其他严重情节的情形。

餐饮企业在实施股权激励或者售卖相关餐饮产品或商品时，要注意以下几点。

（1）未经有关主管部门批准不要擅自发行股票、债券；包括未向主管部门提出申请，也包括虽提出申请，但未得到批准，还包括已作出批准决定但发现不符合法律规定，又予以撤销的。

（2）已经获得批准的，应按照规定的方式、范围发行股票、公司、企业债券。如发行股票的，不得超出招股说明书所载明的股票发行总数超额发行；有关主管部门批准的是按股票票面金额发行，不得擅自以超过票面金额的价格溢价发行；发行债券的，不得超出国务院证券管理部门批准的发行规模发行等。

（3）在现行阶段，法律尚未完善和明确前，于股权众筹（包括部分股份转让）过程中，最好向特定对象进行投资要约、签约，如需委托中介机构面向社会公众采用推广会等方式进行宣传的，在筛选出合适的投资人，审查投资人的资产价值与申报财产内容的真实性、是否具备识别并承担风险能力等内容后，需有明确提示投资风险，有明确的人数和资金总量的限制。

（4）作为投资人在进行"原始股""转板"投资前，建议进行股权确认或公证，股权投资资金尽量存放在权威机构的第三方处，如存放于由工商局或股权交易中心设置的第三方信用账户或平台。

此外，对原始股，可以参考以下防范措施。

（1）看股票发行或转让是否取得中国证监会的核准。如果没有中国证监会的核准文件，可以判别是非法发行股票。

（2）看中介机构从事证券承销、代理买卖等活动，是否取得中国证监会的批准。如果没有，基本可以判别是非法经营证券业务。

（3）千万不要相信"即将在境内外上市、能带来高额回报"等花言巧语，保持头脑冷静。

（4）当难以准确辨别投资信息真伪时，投资者可向经证监会批准的证券期货经营机构或当地监管部门咨询、核实。

第七章

股权助力餐饮企业腾飞

> 建筑之美并非来自外部装修
> 效果，而来自内外的一致与
> 和谐。
>
> ——皮埃尔·奈尔维

一、飞轮效应

（一）亚马逊的"飞轮效应"

所谓"飞轮效应"，是指为了使静止的飞轮转动起来，开始你必须用很大的力气，一圈一圈反复地推，每转一圈都很费力，但是每一圈的努力都不会白费，飞轮会转动得越来越快。

从优秀到卓越的转型中，没有单一起决定作用的创举，没有惊人的创新，没有幸运的突变，也没有奇迹的瞬间。相反，整个过程就像是在持续地推动一个巨大的、沉重的飞轮。你使劲地推动飞轮前进了 1 英寸；接着你继续推动飞轮，通过持续不断地努力，你的飞轮转动了完整的一圈；你不停地努力，飞轮转动得快了一些，2 圈……4 圈……8 圈……飞轮积累了动能……16 圈……32 圈……飞轮转得更快了……1000 圈……1 万圈……10 万圈……终于，企业在某个时刻实现了突破！于是飞轮以不可阻挡的势能持续向前转动着。

亚马逊团队运用这一概念，构建了亚马逊飞轮，让亚马逊获得了卓越表现。贝佐斯为亚马逊注入了"为客户创造更多价值"的激情。这是一种巨大的动力，甚至可以说是一个崇高的目标。但真正让亚马逊实现卓越的关键因素并不是"崇高的目标"，而是贝佐斯及其团队使这个目标循环往复地被实践的一项机制。

布拉德·斯通在《一网打尽》中写道，"贝佐斯及其管理团队构建了良性的业务循环方式，并坚信这种循环可以有力推动他们的业务发展。如图 7-1 所示，这种循环方式是：以更低的价格带来更多的顾客访问量，更多的访问量能带来更多的销售量，同时也能吸引更多需要支付佣金的第三方卖家。这使亚马逊能够将物流中心和服务器等固定成本分摊给第三方，从而确保自身获得更多收益。同时，更高的效益则使其能够进一步降低价格，循环往复。亚马逊管理团队相信在飞轮的任何一部分增加投入，都能推动飞轮的加速运转"。按照这样的循环，飞轮开始转动，形成持续运转的动力。推动飞轮，增加运转的动力，飞轮开始不断地循环往复。

斯通还在书中写道，贝佐斯将亚马逊飞轮视为企业成功的"秘密武器"。

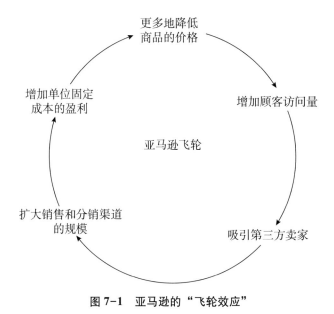

图 7-1 亚马逊的"飞轮效应"

（二）股权——餐饮企业的新动力

如图 7-2 所示，股权架构、股权激励、股权融资及风险规避，共同构成了餐饮企业发展的股权动力。

首先，股权架构是餐饮企业股权的初始飞轮，也是企业股权体系的基石。合理的股权设计一方面取决于企业创始人对企业未来发展的预期，另一方面也是各方股东博弈的结果。在创业之初或在发展过程中需要搭建股权架构时，需要将企业发展的阶段性目标与长远目标结合，将企业利益与股东利益结合，合理搭建股权架构。将企业内外部资源均纳入架构体系，使其能力为企业所用，资源为公司服务，分担企业可能遇到的风险和困难。

在餐饮企业的初创阶段，合理的股权设计能增强创始团队及成员强烈的归属感，提高他们干事业的热情。企业成长阶段的股权架构能帮助企业融合更好的内外部资源，加速企业的快速发展。在企业的成熟及衰落阶段，合理地分配股权能重新点燃老员工的创业热情。因此，搭建科学合理的股权设计，为企业增长飞轮创造了动力条件。

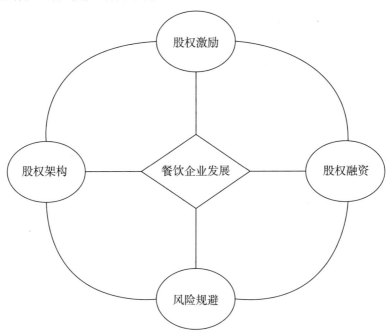

图 7-2　餐饮企业的股权动力

　　其次，股权激励增强股权体系的回路，是股权飞轮转动的动力条件。股权激励飞轮就是增强回路，即因增强果，果反过来又增强因，形成回路，一圈一圈循环增强。这种首尾相连的因果链，就形成了一个飞轮。如果企业搭建了一个好的股权设计架构，对内就会产生凝聚力和生产力，当更多的人看到企业的快速增长时，就会进一步吸引更多的优秀人才和优良的外部资源，更多优秀人才和优良的外部资源可以促进股权架构的不断丰富，从而形成"股权架构—股权激励—丰富股权架构内容—再次实施股权激励"的增强回路，实现初始增长飞轮的转动。

　　再次，股权融资保持飞轮增长的持续性。大量案例表明，股权融资飞轮专注于飞轮的迭代和延展，那么整个股权飞轮就会经久不衰，甚至能够促使企业成功跨越重大的战略拐点或减少不确定性。很多餐饮企业通过飞轮的构建及运行，成功实现了品牌的爆发式发展。因为企业的发展离不开对资金的需求，在企业发展的个别关键时期，资金的有无和多少可能会决定企业能否抓住商业机遇，能否继续存在并壮大。能在企业的各发展阶段成功融资，是企业持续发展的重要保证。

最后，风险规避为餐饮企业的股权体系保驾护航。企业股权体系运行的各种风险是其最终的落脚点。从宏观上看，餐饮企业股权架构、激励、融资必须按照经济法治的结构和框架进行运作。从微观上看，企业的任何活动所产生的风险后果均体现在法律风险的形成尤其是法律责任的承担上。因此，企业股权体系运行与风险的关系，最集中地体现就是企业与法律风险的关系，企业风险管理与控制的最重要方面就是企业法律风险的管理与控制。

二、股权时代的餐饮企业

2020年，中国股权市场迎来发展的第35年，伴随着资本市场的全面注册制改革，股权市场的投融资逻辑将被彻底改变，短期套利模式将不复存在。特别是随着楼市投资的黄金时代逐渐远去，股权投资时代正加速来临。在中国经济转型的关键时期，大量成长型餐饮企业的发展壮大，为投资者带来了绝佳的投资标的和进入时机。创业与投资都将回归长期价值本源。回归本源后的中国股权市场，将迎来新一阶段的黄金发展期。

餐饮企业借助股权，在一个具有发展前景的行业深耕，创业成功的概率会大大增加。而作为个体的我们，在合适的时点创建新企业、组建新业务，或作为联合创始人、骨干创业成员加入企业，随着企业的发展而成长。鼓励所在企业适时运用股权架构和股权激励这 "创富机器"，用明天的利润和财富激发员工的创富激情和智慧，这样不仅会留住人才，而且有助于企业打造持续的核心竞争力，实现公司与股东、员工的双赢。2021年11月北交所开市，餐饮企业又多了一条上市的路径。可以这么说，上市是餐饮企业中小型企业形成竞争壁垒、吸引人才、实现股权增值的必由之路。

通过股权实现"高杠杆比"的创富选择。当企业飞速发展之后或被收购或成功IPO时，给企业创始人及企业股东带来的财富倍增效应无疑是最大的。但无论是自己注册企业，还是加入一家高速成长的创业型企业，还是作为投资人找到合适的投资标的，都需要完善股权架构、股权激励及融资体系，都需要将股权飞轮落地实施。

　　我们生在一个伟大的时代，处于一个大有可为的历史机遇期，政治稳定、经济发展可预期、整体富裕、消费升级，这让我们拥有了一个开拓新市场，甚至是开辟新时代的机会，但我们也不能大意。虽然时代赋予了我们这样的机会，关键在于我们能否抓住。人在某个时代节点，如果能清醒地认识到时代在发生什么，作出判断、坚决行动，只要方法得当、运气不差，就有可能成功。

　　相信自己的眼光和智慧，一切奇迹皆有可能！

附　录

餐饮企业股东协议（模板）

甲方：_____

乙方：_____

（注：成立公司的股东可以为企业或自然人，这里以两个企业股东为例。）

甲、乙双方因共同投资设立餐饮公司（以下简称公司）事宜，特在友好协商基础上，根据《中华人民共和国民法典》《中华人民共和国公司法》等相关法律规定，达成如下协议，以明晰各方权利义务（注：这里说明签订股东协议的目的是成立公司）。

第一章　公司基本信息

第一条　公司名称：_____。

（注：公司形式可以为有限责任公司或股份有限公司）

第二条　注册地址：_____。

第三条　经营范围：_____。

第四条　责任承担：_____。

甲乙双方以各自认缴的出资额为限对公司承担责任，公司以其全部财产对公司的债务承担责任。

（注：如果是股份有限公司，则以认购的股份为限对公司债务承担责任。）

第二章　各股东出资方式及占股比例

第五条　注册资本

（一）公司注册资本为___万元（大写：___万元整），以现金形式出资，首期实缴出资为＿＿万元。后续出资依照公司章程或公司实际经营需要确定。

（注：明确注册资本金额，出资系现金还是实物出资，出资的分期等。）

（二）各方出资情况及占股比例

甲方认缴出资＿＿万元，占股＿＿%，首期实缴出资＿＿万元；乙方认缴出资＿＿万元，占股＿＿%，首期实缴出资＿＿万元。

双方应于公司银行开户完成后日内完成上述实缴出资。

（注：明确股东认缴出资比例及首期缴付期限。）

第六条　出资证明

公司应对缴付出资的股东及时签发出资证明，出资证明由公司盖章。

第三章　股权转让的限制和权利

第七条　股东可转让其部分或全部股权，但必须符合法律和公司章程的规定，否则转让无效。

第八条　任何一方股东向第三方转让股权时，另一方股东在同等条件下享有优先购买权。

第九条　转让方股东根据本协议规定的条件和程序转让其持有的公司股权时，其应负责确保：

（一）受让该等股权的主体将会签署所有必要的文件，以使该受让方享有并承担转让股东原来在本协议以及公司章程项下所享有的权利和承担的义务，以及受本协议和公司章程条款的约束。

（二）公司重大经营活动不得因为股权转让而遭受重大不利影响。

（注：股权转让时，其他股东的优先购买权；对受让股东的约束限制。）

增资：若公司运营资金不足，需要增资的，各股东按认缴比例增加出资。

若全体股东同意也可根据具体情况协商确定其他的增资办法。

若增加第三方入股的，第三方应承认本协议内容并承担本协议下股东的权利和义务，同时新股东的加入须征得全体股东同意。

（注：为将来引入战略投资者，可以对增资问题做进一步约定；此部分还可以对股东退出情形进行约定。）

第四章　公司治理及职能分工

第十条　股东会

（一）双方均为公司股东会成员，所有股东会决议必须经甲、乙双方股东签字或盖章。

（二）股东会会议：甲、乙双方根据各自的认缴出资比例行使表决权。

（三）有关股东会的其他规则在公司章程另行约定。

（注：可以另行约定表决权行使比例）。

第十一条　为了明确双方职责并有利于公司发展，双方需要合理分工，具体分工如下。

（一）公司董事会成员＿＿名，由甲方指派＿＿名，乙方指派＿＿名，第一届由＿＿组成，任期由公司章程规定。

（二）公司第一届董事长由推荐人员担任，任期三年。届满后，可连选连任。董事长由董事会选举产生，主要负责公司日常事务。

（三）公司设总经理一名，由董事会聘任。第一届由＿＿担任，任期及职权依据聘用协议而定。

（四）公司不设监事会，设置一名执行监事。由＿＿方指派，第一届由＿＿担任，任期由公司章程规定，负责监督公司日常的运营。

（五）公司财务负责人由＿＿方指派，第一届由＿＿担任，任期及职权依据聘用协议而定，负责公司财务管理工作。

（六）为方便公司的日常联络管理，公司设企业联络员一名，由＿＿担任，负责公司的通信、传达等日常事务。

（注：上述是对公司治理机制的约定，特别应关注董事会成员及财务人员的指派。）

第十二条　甲方主要负责公司的工作，乙方负责公司的等工作事宜。

第五章　盈亏分配

第十三条　甲、乙双方按照各自认缴出资比例分享和承担利润和亏损。

第十四条　公司税后利润，在弥补以前亏损，并提取法定公积金（税后利润的10%）后，方可进行股东分红。

第十五条　公司每一年度分配一次红利，并由＿＿方优先收回投资后，才按双方认缴出资比例分配。

（注：可以约定由哪一个股东优先分配红利。）

第六章　协议的解除或终止

第十六条　发生以下情形，本协议即终止：

（一）公司因客观原因未能设立；

（二）公司营业执照被依法吊销；

（三）公司被依法宣告破产；

（四）甲乙双方一致同意解除本协议。

（注：可增加协议终止的其他情形。）

第十七条　本协议解除后

（一）由甲乙双方共同对公司进行清算，必要时可聘请中立方参与清算；

（二）若清算后有剩余，在公司清偿全部债务后，按实际的出资比例分配剩余财产。

（注：对剩余财产的分配亦可按认缴的出资比例进行。）

第七章　违约责任

第十八条　甲、乙任何一方违反本协议约定，未足额、按时缴付出资，须在一日内补足，否则，由此造成公司未能如期成立或给公司及另一方股东造成损失的，须向公司和守约方赔偿。

第十九条　除上述出资违约，协议任一方违反本协议约定使公司和守约方利益遭受损失的，须向公司承担赔偿责任，并向守约方支付违约金____元。

（注：可根据不同的违约情形，约定不同的违约责任。）

第八章　争议的解决

第二十条　因本协议发生争议，双方应尽量协商解决，如协商不成，可将争议提交____方所在地人民法院诉讼解决。

（注：双方可约定管辖法院。）

第九章　其他

第二十一条　本协议自双方盖章之日起生效，未尽事宜由双方另行签订补充协议，补充协议与本协议具有同等的法律效力。

第二十二条　本协议约定中涉及各方权利义务的，若与公司章程不一致，以公司章程为准。

（注：对股东协议与公司章程效力的处理。）

第二十三条　本协议一式两份，甲、乙双方各执一份，具有同等法律效力。

餐饮企业股权激励协议（模板）

甲　　方：_____

乙　　方：_____

姓　　名：_____

身份证号：_____

联系电话：_____

根据《中华人民共和国公司法》《_____公司股权激励方案》的有关规定，本着自愿、公平、平等互利、诚实信用的原则，甲乙双方经协商就以下事项达成如下协议。

第一条　本协议约束条件

乙方需在____年____月____日至____年____月____日期间担任甲方或以上职位。

若不满足上述条件，则本协议失效。

第二条　激励股权的考核与授予

（1）乙方获授的激励股权中包含与绩效考核结果挂钩的虚拟股权，该部分虚拟股权由甲方的激励股权管理委员会按照《A公司股权激励方案》和部门绩效标准的要求对乙方进行考核，根据乙方考核结果授予乙方相应数量的激励股权。甲方在乙方考核结果确定并符合激励条件要求后3天内发出《激励股权授予确认通知书》。若乙方的绩效考核结果未达到《A公司股权激励方案》中约定的股权激励条件，则甲方取消授予的该部分的激励股权。其他与绩效无关联的股权，经激励股权管理委员会按照《A公司股权激励方案》确定后，直接下发《激励股权授予确认通知书》。

（2）乙方在接到《激励股权授予确认通知书》后3天内，按照通知书的规定支付激励股权认购资金。逾期未足额支付股权认购资金，视为乙方放弃该部分激励股权。乙方放弃认购该部分激励股权，不影响双方已签署的劳动合同。

第三条　行权

乙方按时限要求认购股权视为行权，成为甲方的股东，享有公司股东的权利，应按《A 公司股权激励方案》约定，办理相关手续。

行权价格以《激励股权授予确认通知书》中的规定为准。

第四条　激励股权的权利与限制

（1）本协议的激励股权锁定期自办理完成正式的工商登记变更手续或签署《虚拟股权认购协议》之日起计算，为期一年。

（2）乙方持有的激励股权在锁定期间享有与工商注册股权相同的分红权益。

（3）乙方持有的激励股权在锁定期间不得转让、出售、交换、记账、质押或偿还债务。

（4）当甲方发生送红股、转增股份、配股和新老股东增发新股等影响甲方股本的行为时，乙方所持有的激励股权数量和比例同步调整。

第五条　协议的终止

在本协议有效期内，乙方凡发生下列（包括但不限于）事项，自情况核实之日起即丧失激励资格并取消分红权，情节严重的，公司依法追究其赔偿责任并有权给予行政处分（包括但不限于取消参与公司一切激励计划、停止任职甚至开除），构成犯罪的，移送司法机关追究刑事责任：

（1）因不能胜任工作岗位、违背职业道德、失职渎职等行为严重损害公司利益或声誉。

（2）因受贿索贿、贪污盗窃、泄露公司经营和技术秘密、损害公司声誉等行为给公司造成损失。

（3）违反与甲方签署的《同业竞争禁止协议》和《保密协议》规定。

（4）自行离职或被公司辞退。

（5）伤残、丧失行为能力、死亡。

（6）违反公司章程、规章制度、保密制度等其他行为。

（7）违反国家法律法规并被刑事处罚的其他行为。

在激励股权锁定期间，乙方无论何种原因离开公司，甲方均保有无条件收回乙方激励股权的权利。

第六条　退出机制

（1）在公司进行股份制改革和上市以及其他投资机构进入前，若持股人有意退出，则参照公司股权激励时以及最新一期财务报告中的净资产数据，根据其溢价或折价比例由甲方或甲方许可的受让方予以回购。

（2）在其他投资机构进入公司后，若乙方有意转让或退出解禁股份，则按照《A公司股权激励方案》流转和退出机制处理。

（3）锁定期内公司发生重大变化，比如合并、重组、转让，则乙方股份可按照董事会和股东会决议要求，提前解锁、正式注册。

（4）若锁定期内公司上市，乙方需根据证监会和《证券法》要求进入股市交易退出。

第七条　其他事项

（1）甲乙方根据相关税务法律的有关规定承担与本协议相关的纳税义务。

（2）本协议是公司内部管理文件，甲乙双方签订协议并不意味着乙方同时获得公司对其持续雇佣的任何承诺。乙方与本公司的劳动关系，依照《劳动法》以及与公司签订的劳动合同办理。

（3）乙方未经甲方许可，不得擅自将本协议的有关内容透露给第三方。如有该情况发生，甲方有权废止本协议并收回所授予乙方的股份。

第八条　争议与法律纠纷的处理

（1）甲乙双方发生争议时，《A公司股权激励方案》已涉及的内容，按有关规定解决；未涉及的内容，按照公平合理原则、公司有关规章制度和相关法律解决。

（2）乙方违反《A公司股权激励方案》的有关约定、违反甲方的规章制度或者国家法律政策，甲方有权视具体情况终止乙方的激励协议而无须承担任何责任。乙方在协议规定的有效期内，可通知甲方终止本协议，但不得附加任何条件。若因此给甲方造成损失，乙方应承担赔偿损失的责任。

（3）甲乙双方因履行本协议或与本协议有关的纠纷应首先本着友好协商的原则解决，如双方无法通过协商解决，任何一方都可将争议提交甲方所在地人民法院解决。

第九条　本协议经甲乙双方签字或盖章后生效。本协议一式两份，甲乙双方各执一份，具有同等法律效力。

甲方：　　　　　　　　　　乙方：

日期：　　　　　　　　　　日期：

股权代持协议书（模板）

甲　　方：＿＿＿＿＿＿＿＿＿＿＿＿＿

身份证号：＿＿＿＿＿＿＿＿＿＿＿＿＿

乙　　方：＿＿＿＿＿＿＿＿＿＿＿＿＿

身份证号：＿＿＿＿＿＿＿＿＿＿＿＿＿

甲乙双方就甲方委托乙方代持公司＿＿＿％股权事宜，根据相关法律法规的规定，在双方协商一致的基础上，签订本协议。

第一条　经双方确认，甲方占有目标公司＿＿＿％的股权（下称"代持股权"），但该代持股权以乙方名义持有并登记。乙方原有目标公司＿＿＿％的股权，现代持甲方＿＿＿％的股权，乙方名下登记的股权共为＿＿＿％。

第一条　经双方确认，甲方为上述代持股权的实际所有人，乙方为该代持股权的名义所有人。

第二条　经双方确认，甲方享有因该代持股权所产生的所有股东权利，同时承担所有的股东义务，包括但不限于分红权、表决权等。如果目标公司分红需要经手乙方，乙方则应在获得分红后三个工作日内，将相应款项支付给甲方。

第三条　经双方确认，代持期间需要出席股东会，或是以股东身份签署相关决议和合同文件时，在甲乙双方协商并取得一致意见后，乙方需要按照一致意见进行表决或签署。

第四条　甲方实际享有和行使代持股权的转让、质押、置换、赠予、继承等处置权利，乙方不得单独对代持股权进行任何形式的处置，同时要根据甲方的需要签字配合。

第五条　经双方确认，工商行政管理部门的登记资料，与本协议所载内容如不一致，均以本协议内容为准。

第六条　签订本协议后，双方均应按协议约定执行，如有任何一方违约，其应承担违约责任。如本协议在履行过程中存在争议，双方需要协商解决，在协商不成的情况下，可以向当地仲裁委员会仲裁解决。

第七条　本协议自双方签字之日起正式生效。

甲方：　　　　　　　　乙方：

年　　月　　日　　　　　　年　　月　　日

离婚股权分割协议书（模板）

协议人（男方）：＿＿＿＿＿＿＿＿　　协议人（女方）：＿＿＿＿＿＿＿＿

民族：＿＿＿＿＿＿＿＿＿＿＿＿　　　民族：＿＿＿＿＿＿＿＿＿＿＿＿

出生日期：＿＿＿＿＿＿＿＿＿＿　　　出生日期：＿＿＿＿＿＿＿＿＿＿

身份证号码：＿＿＿＿＿＿＿＿　　　　身份证号码：＿＿＿＿＿＿＿＿

男女双方于＿＿年＿＿月＿＿日在市区民政局登记结婚。现因夫妻感情破裂，在平等协商的基础上，就自愿离婚一事达成如下协议。

第一条　男女双方自愿协议离婚。

第二条　关于股权分割，经双方协商一致

（一）婚后双方投资公司取得的登记在男方名下的＿＿＿＿＿＿＿＿公司的＿＿％的股权归男方所有。

（二）婚后双方投资公司取得的登记在女方名下的＿＿＿＿＿＿＿＿公司的＿＿％的股权归男方所有，该股权变更已经得到公司半数以上股东同意，有《股东会决议》为证。

女方需在双方办理离婚登记手续后十五日内协助男方办理公司股东变更登记手续，涉及需要女方公司及公司其他股东配合之处，女方应在该期限内协调沟通。

（三）男方支付女方共同财产折价款人民币＿＿＿＿＿＿＿元，双方办理离婚登记手续当日，男方向女方支付人民币＿＿＿＿＿＿＿元；公司＿＿％的股权变更到男方名下后（以工商部门出具的相关资料上显示的股东情况为准），男方向女方支付共同财产折价款人民币＿＿＿＿＿＿＿元。

（四）婚后双方无其他共同的债权债务；任何一方各自名下的债权债务均由自己享有和承担。

（五）双方无其他共同财产争议。

第三条　双方签署本协议时均具有完全民事行为能力，本协议系双方真实意思表示。

第四条　本协议一式三份，双方各执一份，婚姻登记机关备案一份。

双方保证切实履行上述协议事项，对协议内容如有隐瞒、欺骗，责任与后果自负。

协议人（男方）：

协议人（女方）：

____年____月____日

参考文献

［1］张力. 领读《公司法》［M］. 北京：社会科学文献出版社，2016.

［2］林传科，刘军，丁芹伟. 科学创业［M］. 北京：机械工业出版社，2019.

［3］李合龙，谭鹏程，张润洋，等. 创业管理概论［M］. 北京：人民邮电出版社，2023.

［4］郑波，栾凌雁，宛高鹏，等. 股权激励关键100问［M］. 北京：电子工业出版社，2021.

［5］廖连中. 企业融资Ⅱ：股权债权+并购重组+IPO上市［M］. 北京：清华大学出版社，2020.

［6］王璞. 合伙人制度：股权设计、考核机制、风险规避［M］. 北京：人民邮电出版社，2022.

［7］任康磊. 股权激励与股权架构设计［M］. 北京：人民邮电出版社，2022.

［8］杨军. 企业融资：投资人没告诉你的那些事［M］. 北京：中华工商联合出版社，2021.

［9］李利威. 一木书看透股权架构［M］. 北京：机械工业出版社，2019.

［10］耿小武. 科学分股持续盈利［M］. 北京：中国广播影视出版社，2021.

［11］徐霁. 创业公司股权设计指南［M］. 北京：法律出版社，2021.

［12］单海洋，张志敏. 股权激励：实践与创新［M］. 北京：机械工业出版社，2019.

［13］屠建清. 全面预算管理案例全解：预算编制、案例指引、流程控制［M］. 北京：人民邮电出版社，2022.

［14］宋宣. 从零开始做餐饮［M］. 北京：中信出版集团，2018.

［15］方富贵. 股权大布局［M］. 北京：机械工业出版社，2019.

［16］管清友. 重回价值：中国企业的资本运作法则［M］. 杭州：浙江

大学出版社，2020.

［17］郭勤贵，耿小武. 股权设计：互联网＋时代创业公司股权架构
［M］. 北京：机械工业出版社，2016.

［18］夏惊鸣. 唯慢不破：百果园的商业逻辑［M］. 北京：机械工业出
版社，2023.

［19］张志峰. 企业股权实务操作与案例精解［M］. 北京：中国法制出
版社，2022.

［20］雷莉，刘思柯. 公司治理法律实务：88 个全真案例精准解读公司
治理风险防范之道［M］. 北京：中国法制出版社，2021.

［21］段晌薇. 企业股权架构设计与风险防控［M］. 北京：清华大学出
版社，2021.

［22］柯林斯. 飞轮效应［M］. 北京：中信出版集团，2020.

后　记

本书于 2023 年 5 月 20 日在山西大同古城动笔写作，主要利用工作之外的各种零散时间完成。感谢我的家人，尤其是我的父母，他们给了我很大的鼓励，因为他们的支持我才能坚持写作，直至完成。

本书的写作初衷是希望大家能够对餐饮企业股权架构、股权激励、融资和经营过程中的法律风险事项有框架性的认识，结合自己企业的实际情况及所处状态，对解决企业当前问题以及对未来规划有所帮助。《公司法》是一个庞大的知识体系，涉及各类企业的权力运行、主体责任、风险规避等，每个问题都能研究很久。而股权落地更是一个庞大的运行体系，既有法律的强制性规定，又有税务的各种要求和规则，更不要说还要和企业的商业模式、经营策略、组织体系相结合。因此，本书力争在每个章节，把每个知识点或论点论述得清楚、透彻，并且有足够的说服力。本书是对餐饮企业股权知识的系统性总结和梳理，因此难免存在很多局限和不足之处，希望读者朋友斧正。

赵磊先生是我多年的合作伙伴，他是处理不良资产方面的专家，还精通法律。在完成本书的过程中，我们多次讨论、交流，他的很多观点让我打开了思路。在本书初稿完成后，他又提出了很多宝贵建议。作为我多年的朋友和事业合作伙伴，感谢他的支持，使本书最终能够完成。

感谢一直关注写作进展的尹逊龙律师、杨彦伟律师、孔玲敏律师，感谢他们不定期给我的鼓励。我们是合作者，也是法律共同体的战友。

感谢我的朋友对我的支持，他（她）们是：阿拉木斯先生、代琴先生、李玲玲女士、宫颖女士、凌江先生、聂磊先生、樊瑞山先生。

最后，感谢我的父母赐予我旺盛的精力和体能，让我在面对挑战时充满斗志，也感谢他们对我所做选择的尊重和从事事业的支持。同时，感谢胡娟女士、周亦鹏先生和周锦添同学的画图技术指导，让此书的案例图文更加丰富。

　　我于 2010 年开始工作，做过央企的法务、律师，感谢 14 年来帮助过我的领导，也感谢委托人给予的信任、宽容、理解和鼓励，正是因为他们的支持，我的职业道路才越走越宽。

胡光瑞

2024 年 3 月